Dipl.-Psych. Holger Könnig

„Hab ich Dir schon erzählt...?"

Dipl.-Psych. Holger Könnig

„Hab ich Dir schon erzählt...?"

Alltagsgeschichten
von gedanklichen Tretminen
und wie wir sie entschärfen können

Bibliografische Information der Deutschen Nationalbibliothek
Die Deutsche Nationalbibliothek verzeichnet diese Publikation in der
Deutschen Nationalbibliografie; detaillierte bibliografische Daten
sind im Internet über http://dnb.d-nb.de abrufbar.

Dipl.-Psych. Holger Könnig
„Hab ich Dir schon erzählt...?"
Alltagsgeschichten von gedanklichen Tretminen und wie wir sie entschärfen können

Berlin: Pro BUSINESS 2012

ISBN 978-3-86386-207-7

1. Auflage 2012

© 2012 by Pro BUSINESS GmbH
Schwedenstraße 14, 13357 Berlin
Alle Rechte vorbehalten.
Produktion und Herstellung: Pro BUSINESS GmbH
Gedruckt auf alterungsbeständigem Papier
Printed in Germany
www.book-on-demand.de

Fotos: Holger Könnig

---

book-on-demand ... Die Chance für neue Autoren!
Besuchen Sie uns im Internet unter www.book-on-demand.de
und unter www.facebook.com/bookondemand

Inhaltsverzeichnis

Vorwort

Fast alle Bücher enthalten ein Vorwort. In der Regel dient es dazu, den Leser darauf vorzubereiten, was ihn beim Lesen des folgenden Textes erwartet. Das Vorwort dient dem Autor auch als Rechtfertigung, warum er überhaupt dieses Buch geschrieben hat, obwohl es doch schon so viele Bücher gibt. Manchmal enthält es Danksagungen an die Personen, die maßgeblich an der Entstehung des Werkes beteilig waren. Statt eines Vorwortes enthalten Bücher mitunter eine Einleitung.

Also schreibe ich an dieser Stelle ein einleitendes, danksagendes Vorwort mit der Rechtfertigung, dass es mir ein Bedürfnis war, einfache Situationen, Alltagserlebnisse und Beobachtungen aus meinem Leben zu schildern, um darüber nachzudenken und zu Schlussfolgerungen zu kommen, die ich für hilfreich halte. Wenn sich der Leser, die Leserin, in mancher Situation wiedererkennt und mit den sich daraus ergebenden Erkenntnissen etwas anfangen kann, dann wäre mein Anliegen erfüllt.

Bad Eilsen, im Winter 2011

Hab ich Dir schon erzählt, ...

Die melancholischen Äpfel

dass Äpfel melancholisch werden können?

Eine ältere Frau schlenderte über den Wochenmarkt. Schließlich blieb sie vor zwei Äpfelkisten stehen. In der einen befanden sich große rote Äpfel, die eine glänzende Schale hatten. In der anderen Kiste lagen grüne Äpfel, die etwas kleiner waren. Nach einer kurzen Bedenkzeit entschied sich die Frau: „Drei von den roten Äpfeln, bitte!" Während die Marktfrau drei rote Äpfel in eine Tüte packte, frohlockte die zurückgebliebene Apfelbande: „Wir haben es schon immer gewusst. Wir sind die Schönsten, wir sind die Besten. Wer eine so leuchtende Farbe besitzt, kann nur ein Gewinnertyp sein. Die ältere Frau hat es bewiesen. Wir sind die Auserwählten, im wahrsten Sinne des Wortes, hurra!" Ihre Kollegen in der Nachbarkiste hatten mitgehört: „Die haben gut reden. Wer kauft schon kleine grüne Äpfel. Wir haben keine Chance. Wahrscheinlich enden wir in der Saftpresse. Einmal Verlierer, immer Verlierer." Bei diesen Überlegungen wurden sie ganz melancholisch.

Manche Leserin, mancher Leser wird vielleicht denken: "Ja, so ist nun mal das Leben. Die einen gewinnen, die anderen verlieren. Die einen sind besser, die anderen fallen durch. Die einen werden immer erfolgreicher, die anderen kriegen keinen Fuß auf die Erde."

Sehen wir uns zunächst noch einmal die Wochenmarktszene an. Was sagt das über die unterschiedlichen Äpfel aus? Nichts! Das einzige, was wir sagen können, ist, dass die Käuferin eine Vorliebe für rote Äpfel hatte. Nicht mehr und nicht weniger. Wir haben keine einzige Information über die Qualität der Äpfel. Vielleicht sind die grünen viel saftiger, vielleicht ist in den roten im wahrsten Sinne des Wortes der Wurm drin, vielleicht hat die Käuferin einen Fehlkauf getätigt. Wir wissen es nicht. Das einzige, was feststeht, ist die Tatsache, dass sich die alte Dame für drei rote Äpfel entschieden hat, und Schluss. Vielleicht sollten wir das den kleinen grünen Äpfeln nahebringen, um sie aus ihrer Niedergeschlagenheit herauszuholen.

Nun verhalten sich nicht nur Äpfel bisweilen etwas seltsam, sondern wir Menschen benutzen mitunter die gleichen oben genannten Schlussfolgerungen. Bei einem geselligen Anlass erzählt jemand von einem abenteuerlichen Segelurlaub, und wir denken sofort, da kann ich nicht mithalten. Ein anderer berichtet von Umbaumaßnahmen an seinem Haus, ein Dritter von den Spezialitäten, die er als Hobbykoch zaubern kann. Und jedesmal zucken wir innerlich zusammen, weil wir denken, das können wir nicht bieten. Die eine Person kann Klavier spielen, die andere kann drei Fremdsprachen. Der eine ist der geborene Heimwerker, der andere kann gut mit Kindern umgehen, ist ein Gartenfreund, ein Motorradfreak, oder er geht gern auf Flohmärkte. Ohne dass wir es merken, schaffen wir ein Gefälle zwischen den anderen und uns, bei dem wir nicht gut abschneiden. Wir stellen sehr schnell Vergleiche an, entdecken bei anderen etwas, was wir nicht haben oder nicht können, und ziehen daraus den Schluss, dass die anderen besser, tüchtiger, schöner oder schlauer sind. Zum einen übersehen wir dabei unsere eigenen Eigenschaften und Fähigkeiten, zum anderen kommt es zu einer Überbetonung des Positiven bei anderen. Laufen häufiger solche Mechanismen ab, untergraben wir unser Selbstbewusstsein, und wir fühlen uns mickrig. Wenn es bei einem Autohändler ein Modell mit umfangreicher Sonderausstattung gibt, würden wir auch nicht den Schluss ziehen, dass alle anderen Modelle nichts taugen, oder dass sich das Sondermodell sofort verkaufen lässt, während sich die übrigen Autos als Ladenhüter erweisen.

Erkenntnis:

Hüten wir uns vor Vergleichen mit anderen. Natürlich dürfen wir Leistungen anderer bewundern. Vielleicht haben wir auch Vorbilder, von denen wir etwas lernen können. Wenn wir aber Vergleiche benutzen, um uns zu bestätigen, wie armselig wir sind, und dass die anderen bessere Menschen sind, dann sollten wir ganz schnell an die kleinen grünen Äpfel denken.

Hab ich Dir schon erzählt, ...

dass Philosophen schon vor über 2000 Jahren pfiffige Gedanken hatten?

Besonders die griechischen Philosophen haben sich meiner Meinung nach viele tiefsinnige Gedanken über den Menschen und über die Welt gemacht. Viele ihrer Erkenntnisse sind als Grundlage für heutige wissenschaftliche Auffassungen anzusehen. Die Werke von *Plato* und *Aristoteles* haben für Jahrhunderte das geistige Fundament geliefert. In der Kognitiven Verhaltenstherapie ist der *„Sokratische Dialog"* eine bedeutsame Vorgehensweise, die auf *Sokrates* zurückgeht. Durch eine besondere Fragetechnik gelang es ihm, seine Gesprächspartner zu kritischem Nachdenken anzuregen.

Eine besondere Gruppe der Philosophen stellen die *Stoiker* dar. Ihr Lebensstil war, ein Leben zu führen, das nach der Vernunft ausgerichtet war, im Einklang mit der Natur. Zu ihren Prinzipien gehörten seelische Gelassenheit und Unabhängigkeit. Der letzte bedeutsame Stoiker war – neben *Marc Aurel - Epiktet.* Von ihm stammt der Satz: "Nicht die Dinge selbst beunruhigen die Menschen, sondern ihre Urteile und Meinungen über sie." Diese Aussage stellt eine wichtige Grundlage in der Kognitiven Therapie dar.

Im Zusammenhang mit den Stoikern las ich vor längerer Zeit folgenden Spruch:

„Wenn du beim Spazierengehen auf eine Distel stößt, dann reicht es, ihr auszuweichen. Du musst nicht noch fragen, warum sie überhaupt da ist."

Im ersten Moment mögen wir das als Binsenweisheit ansehen. Bei näherer Betrachtung werden wir feststellen, dass wir im Alltag auf viele Disteln stoßen, auch wenn es sich nicht um Pflanzen handelt. Es sind vielmehr die kleinen Abweichungen, die Hindernisse, die Missgeschicke, mit denen wir ständig zu tun haben: Der Wagen, der nicht anspringt; der Nachbar, der nicht gegrüßt hat; das Brot, das wir beim Einkaufen vergessen haben; der plötzliche Stromausfall; der wichtige Telefonanruf, und es nimmt keiner ab; die roten Ampeln und der Parkplatz, den man nicht findet; dass es zu heiß oder zu kalt ist; dass es regnet oder der Rasen unbedingt wieder Regen braucht; dass man immer an der langsamsten Kasse steht, wenn man es eilig hat; dass das weiße Hemd, das man gerade anziehen will, einen Fleck aufweist; dass die Kollegin einen schlechten Tag hat; dass der Enkelsohn sich noch immer nicht für das Geburtstagsgeschenk bedankt hat; dass man zwei Tage vor einem Konzertabend krank wird; der Freund, der ein Versprechen nicht einhält usw.usw. Die Liste ließe sich beliebig erweitern.

Man kann sicher nicht erwarten, dass sich bei solchen Ereignissen glückliche Gefühle einstellen. Die Frage ist nur, ob wir um solche „Disteln" einfach herumgehen oder an ihnen hängen bleiben. Halten wir uns nicht zu oft und zu lange mit dem Dasein dieser Hindernisse auf? „Warum das mir? Warum gerade jetzt? (als ob es günstige Zeiten für Missgeschicke gäbe) Das darf doch wohl nicht wahr sein! Immer muss mir das passieren! Kann man nicht einmal in Ruhe leben! Immer wenn man's eilig hat! Das hat mir gerade noch gefehlt!" Oftmals gesellen sich weitere Gedanken hinzu. Der Nachbar, der nicht gegrüßt hat, ist sowieso arrogant. Der meint wohl, er habe es nicht nötig zu grüßen. Oder war er sonst nicht immer sehr freundlich. Vielleicht liegt es an mir. Habe ich ihn verärgert? Vielleicht standen die Mülltonnen wieder vor seiner Einfahrt? Wenn bereits der dritte Kollege mir heute unfreundlich begegnet, scheint doch eine Verschwörung dahinter zu stecken. Wer weiß, was da im Untergrund gegen mich ausgeheckt wird? Was wird noch alles passieren, wenn ich jetzt schon vergessen habe, das Bier kalt zu stellen und die Gäste gleich kommen? Wir können erahnen, dass durch einzelne „Disteln" Kettenreaktionen ausgelöst werden, mit dramatischem Inhalt und einer Steigerung von Frust und Stress.

Erkenntnis:

Es würde sich sicher für uns positiv auswirken, wenn wir bei vielen Disteln des Alltags einfach um sie herum gehen. (Der Nachbar, der nicht gegrüßt hat, war einfach nur in Gedanken.)

Hab ich Dir schon erzählt, ...

Der trügerische Lottoschein

dass ich kein Lotto-Spieler bin?

Soli (meine Partnerin) und ich nehmen zwar im Fernsehen mitunter - mehr zufällig - die Ziehung der Lottozahlen zur Kenntnis. Dann stellen wir fest, wer welche Zahlen wohl angekreuzt hätte bzw. welche Zahlen überhaupt nicht in Frage gekommen wären, weil sie uns unsympathisch sind, und was man mit 3 Millionen Euro alles anfangen könnte. Dann gehen wir zur Tagesordnung über.

Eines Tages lasen wir im Videotext, dass der Jackpot bisher nicht geknackt wurde und nunmehr die stattliche Summe von über 30 Millionen Euro aufwies. Eine gewisse Unruhe machte sich breit, und Soli meinte: "Wir können doch auch mal Lotto spielen." Warum eigentlich nicht? Der Hinweis war berechtigt. Schließlich ging es um unsere finanzielle Zukunft.

Bereits am nächsten Tag lagen zwei Lottoscheine auf dem Tisch, und jeder füllte nach einem raffinierten System (Geburtstagszahlen kombiniert mit anderen sympathischen Zahlen) die zehn Tippreihen aus. Außerdem wurde das Feld für das Spiel 77 angekreuzt und natürlich die Superzahl. Bei so einer wichtigen Angelegenheit machen wir keine halben Sachen.

Wir warteten die nächste Ziehung ab und mussten feststellen, dass außer einem „Zweier" und jede Menge „Einer" keine nennenswerten Gewinne zu verzeichnen waren. Nun ja, von Anfängern kann man auch keine Höchstleistungen erwarten. Tage später konnten wir lesen, dass der Jackpot noch immer nicht geknackt war. Daraufhin lagen am nächsten Tag wieder 2 Lottoscheine auf dem Tisch, das System mit den Geburtstagszahlen wurde verfeinert, und gespannt warteten wir auf die nächste Ziehung. Das Ergebnis fiel in etwa ähnlich aus. Dieses Mal konnte allerdings ein Tipper ca. 40 Millionen Euro auf seinem Konto verbuchen. Wir versuchten noch zu analysieren, was wir hätten besser machen können. Ob vielleicht ein Totaltipp mit allen möglichen Tippreihen etwas gebracht hätte. Aber dann hätten wir 140 Millionen investieren müssen, um 40 Millionen zu gewinnen. Das war auch nicht die Lösung.

Später ließ ich mir das Ganze noch einmal durch den Kopf gehen. Warum hatten wir uns eigentlich verleiten lassen zu spielen? Nur weil wir auf 40 Millionen scharf waren? Warum tippen wir sonst nicht regelmäßig? Sind 2 Millionen nicht genug? Die Wahrscheinlichkeit oder besser gesagt, die Unwahrscheinlichkeit ist doch immer die gleiche. Es ist doch egal, ob ich 2 Millionen nicht kriege oder 40 Millionen nicht bekomme. Merkwürdig ist es schon, auf welche Reize wir manchmal hereinfallen. Wir haben ja auch an anderen Stellen ein gestörtes Verhältnis zu Risiken und Wahrscheinlichkeit. Sitzt man im Flugzeug, fühlt man sich der Technik und dem Piloten hilflos ausgeliefert. Sitzt man im Auto, da hat man schließlich festen Boden unter den Füßen und das Steuer in der eigenen Hand. Das gibt einem Sicherheit. Die Statistik spricht da eine ganz andere Sprache. Wir werden zwar keine Meteoriteneinschlagsversicherung abschließen, aber jeder Versicherungsfachmann wird bestätigen, dass teilweise Versicherungen abgeschlossen werden, die keinen Sinn machen. Aber sicher ist sicher. Genauso fühlen wir uns ziemlich sicher, wenn wir beim Roulette nach 5-mal Rot jetzt auf Schwarz setzen. „Jetzt muss ja Schwarz kommen!" Die Wahrscheinlichkeit weiß nichts von den vorangegangenen Runden. Sie ist immer dieselbe, 50:50 (wenn wir die Null außer Acht lassen).

Erkenntnis:

Wir haben mitunter ein gestörtes Verhältnis zu Risiken und Wahrscheinlichkeiten. Das hat nicht immer negative Auswirkungen. In manchen Bereichen wäre es aber nützlich, zu objektiveren Einschätzungen zu kommen. Es würde uns den Umgang mit Ängsten, aber auch mit Sorglosigkeit erleichtern.

Hab ich Dir schon erzählt, ...

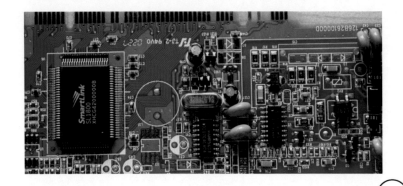

                                            Das zweifelhafte Gedächtnis

dass mich meine Erinnerungen manchmal an der Nase herumführen?

Ich kann mich an viele Einzelheiten erinnern. Anfangs musste ich eine halbe Stunde zu Fuß durch die ganze Stadt zur Schule gehen. Später fuhr ich eine Stunde mit dem Schulbus, um das alte Schulgebäude, ein altes Kloster, zu erreichen. Dann wurde der Neubau in unmittelbarer Nähe meiner elterlichen Wohnung fertig gestellt, und ich brauchte nur noch 200 Meter zurückzulegen. Ich habe eine klare Vorstellung vom Schulkomplex, von den Klassenzimmern, vom Schulhof und der Turnhalle. Ich weiß noch genau, wie der Physikraum aussah und habe klare Bilder von Lehrkräften und vielen Mitschülern. Ich könnte den kleinen Raum beschreiben, unser Photolabor, in dem ich viele Bilder entwickelt habe, und für den ich einen Schlüssel hatte, da ich oft der einzige war, der dort Stunden verbrachte.

Ich sehe mich noch in der Abiturprüfung in Englisch. Der ganze Lehrerverband war anwesend, und ich war unheimlich aufgeregt. Einige der Lehrerinnen versuchten mir zu helfen, indem sie mir etwas zuflüsterten oder mir Handzeichen gaben. Es lief ganz gut.

Es ist erstaunlich, mit welcher Klarheit solche Bilder auftauchen. Manchmal habe ich den Eindruck, das alles sei erst vor Kurzem passiert.

Im Laufe meiner beruflichen Tätigkeit habe ich auch mit Kindern und Jugendlichen zu tun gehabt. Manche bereiteten sich auf das Abitur vor, und wir sprachen über die veränderten Bedingungen bezüglich Benotung, Leistungskurse und die Vielfalt der Fächer. Erstaunt war ich darüber, dass sie über Kurse in Philosophie berichteten und ich mir dachte, ich hätte bereits damals in der Schule gerne Philosophiestunden gehabt, da mich philosophische Themen schon zu der Zeit interessierten. Während der Universitätszeit konnte ich dann unter anderem Philosophie studieren.

Als meine Mutter verstorben war, musste die Wohnung meiner Eltern aufgelöst werden, da mein Vater in ein Seniorenheim zog. Beim Aufräumen fielen mir viele alte Sachen in die Hände, die mit einer Reihe von Erinnerungen verbunden waren. Unter anderem entdeckte ich alte Schulbücher und Schulhefte. In einem dieser Hefte stieß ich auf Aufzeichnungen der englischen Philosophen *Hobbes, Locke* und *Hume.* Die stammten von mir. Es war meine Handschrift. Ich konnte es nicht fassen. Ich hätte schwören können, auf dem Gymnasium nichts von philosophischen Themen gehört zu haben. Und jetzt musste ich meine eigenen Aufzeichnungen sehen. Ich war wirklich erschrocken. Wie konnte mir mein Gedächtnis an dieser Stelle einen solchen Streich spielen? Da waren die vielen anderen klaren Erinnerungsbilder mit kleinsten Details und hier eine totale Lücke. Ein schwarzes Loch. Es bleibt mir unerklärlich.

Erkenntnis:

Unser Gedächtnis ist keine photographische Platte, auf der alles objektiv festgehalten wird. Es wählt aus, bewertet nach angenehm, unangenehm und neutral. Es verfälscht, lässt manches weg, schafft Lücken und füllt auch Lücken aus, so dass es stimmig erscheint. Das Gedächtnis ist nicht immer verlässlich, es ist wandelbar, nicht objektiv und mit Vorsicht zu behandeln.
Das Gedächtnis schummelt.

Hab ich Dir schon erzählt, …

Der Wächter am Burgtor

dass Rätsel manchmal tiefe Erkenntnisse vermitteln?

Es gibt Rätsel, bei denen unsere gewöhnlichen Denkvorgänge völlig versagen. Wir erkennen anschließend, dass wir unsere engen Grenzen hätten verlassen müssen, dass wir nicht geradlinig hätten vorgehen dürfen, sondern dass Umwege oder eine andere Logik die Lösung liefern. Neulich fand ich in einer Zeitschrift folgendes Rätsel:

Eine Burg wird am Eingangstor von einem Wächter bewacht. Der Zutritt ist nur denjenigen erlaubt, die ein bestimmtes Passwort kennen. Ein Spion legt sich in der Nähe des Tors auf die Lauer und lauscht. Ein Händler will in die Stadt. Der Wächter fragt: "28, was ist deine Antwort?" Der Händler sagt: "14" - und wird hereingelassen. Ein weiterer Händler wird gefragt: "16, was ist deine Antwort?" Er antwortet: "8" – und wird hereingelassen. Den nächsten Passanten fragt der Wächter: "8, was ist deine Antwort?" Dieser sagt: "4" – und wird hereingelassen. Der Spion glaubt, genug gehört zu haben. Er geht zum Tor, und der Wächter fragt ihn: "20, was ist deine Antwort?" Selbstsicher sagt er: "10", doch der Wächter entgegnet: „Falsch! Du musst ein Spion sein. Ich lasse dich nicht herein."

Wahrscheinlich wären wir wie der Spion vorgegangen. Scharfsinnig hätten wir eine Logik erkannt: 28 zu 14, 16 zu 8, 8 zu 4. Da scheint alles klar zu sein. Der Passant nennt immer die durch 2 geteilte Zahl, die der Wächter nennt. Also muss zu 20 die richtige Zahl 10 sein. Wieso sagt dieser dann „falsch!"? Und nun fangen die grauen Zellen an zu arbeiten. Vielleicht ist darin ein Code verborgen, vielleicht muss man die Zahlen durch das Alphabet ersetzen. Was passiert, wenn ich die Zahlen auf römische Ziffern übertrage usw. Es bringt alles nichts. Wir brauchen eine ganz andere Logik. Ich weiß nicht mehr, wann und wie ich auf die Lösung kam. Es war einer dieser befreienden Aha-Momente, die einem ein wohliges Gefühl vermitteln.

Die andere Logik ist folgende: Der Wächter nennt die Zahl „28". Wenn der Passant „14" sagt, dann ist damit nicht die Hälfte von „28" gemeint, sondern die Zahl „28" hat in ausgeschriebener Form 14 Buchstaben. Das Gleiche gilt für die Zahl „16". Ausgeschrieben besteht sie aus 8 Buchstaben. Bei der Zahl „20" ergibt sich daher der Wert „7" und nicht „10".
Solange wir diese Erkenntnis nicht haben, würden wir wahrscheinlich auf der Antwort „10" beharren, da sie ja so logisch ist. Diesen Hintergrund finden wir auch in Alltagssituationen. Wir vertreten eine bestimmte Meinung und sind von der Richtigkeit überzeugt, da wir etliche gute Argumente haben, die die Auffassung untermauern. Wenn unser Gegenüber eine andersartige Einstellung hat, verteidigen wir unsere Meinung aus dem sicheren Gefühl einer unschlagbaren logischen Argumentation. Daraus kann bisweilen Streit und Zank entstehen. Was wir in dem Moment übersehen, ist die Gleichsetzung von Meinung und Tatsache. Außerdem gibt es für bestimmte Inhalte nicht *eine einzige* Wahrheit. Es geht also nicht um die Frage „Wer hat Recht?", sondern „Wie gehen wir mit unterschiedlichen Auffassungen um?"
In solchen Situationen könnte es hilfreich sein, sich an den oben genannten Spion zu erinnern.

Erkenntnis:

Auch wenn wir etwas als völlig logisch einordnen, kann es dennoch eine andere Form von Logik geben, die für einen bestimmten Sachverhalt oder ein Problem angemessener oder stimmiger ist. Selbst wenn etwas logisch ist, ist es für ein bestimmtes Ereignis nicht automatisch richtig.

Hab ich Dir schon erzählt, ...

dass ich mich frage, ob die Flagge der Ukraine aus blau auf gelbem Untergrund oder gelb auf blauem Untergrund besteht?

Ein, wenn auch auf den ersten Blick banales Beispiel ist das von der halb vollen/leeren Flasche.

Es findet in vielerlei Hinsicht Gefallen, wenn auch vorwiegend zur Beschreibung des Unterschiedes zwischen einem Optimisten und einem Pessimisten. Es geht hier nicht um die Frage, wer Recht hat. Beide Sichtweisen drücken einen zutreffenden Sachverhalt aus. Vergleichbar wären folgende Beispiele: Hat Klaus von 60 Wörtern 50 richtig geschrieben oder 10 Fehler gemacht? Ist die Rose eine Pflanze mit Dornen, oder hat sie eine duftende Blüte? Habe ich mir einen wunderschönen Urlaub gegönnt, oder fehlen 1.200 Euro auf meinem Konto? Viele solcher Aussagen enthalten wahre, wenn auch unterschiedliche Beurteilungen.

Es geht hierbei also nicht um einen Wahrheitsgehalt, sondern wir sollten die Frage anders stellen. Welche Konsequenzen ergeben sich für mich, wenn ich diese oder jene Auffassung vertrete? Ist diese oder die andere Sichtweise hilfreich, förderlich oder konstruktiv?

Gehen wir noch einmal zurück zum Flaschenbeispiel. Derjenige, der die Überzeugung hat, die Flasche sei schon halb leer, betont den Mangel. Er stellt das Fehlen von etwas in den Vordergrund. Das, was er nicht mehr zur Verfügung hat, das Vergangene steht im Mittelpunkt. Der andere, der die Auffassung vertritt, die Flasche sei noch halb voll, stellt heraus, was er noch zur Verfügung hat, womit er zukünftig noch etwas anfangen kann. Daraus kann sich ein emotionaler Unterschied ergeben. Im ersten

Fall müssen wir von etwas Abschied nehmen, im zweiten Fall können wir uns über etwas Vorhandenes freuen.

Nun werden wir nicht immer beim Anblick einer halb vollen Wasserflasche in Verzückung geraten. Und dennoch kann uns dieses einfache Beispiel die Augen auch für viele andere Situationen öffnen. Bleibt von einem Abendessen im Restaurant die etwas unfreundliche Miene des Kellners haften, obwohl das Essen vorzüglich und die Atmosphäre angenehm war? Werden Kinder nicht häufiger auf Fehler aufmerksam gemacht und kritisiert, während Lob und Bestätigung zurückhaltender ausfallen. Geben wir Anderen positive Rückmeldungen oder beschränken sich unsere Reaktionen auf Kritik, wenn etwas daneben ging?

Wie gehen wir mit uns selbst um? Machen wir uns häufiger Selbstvorwürfe, wenn wir unsere eigenen Ansprüche nicht erfüllen konnten? Wenn es zu Fehlern kam, wenn etwas nicht geklappt hat oder uns Missgeschicke passierten? Oder können wir uns auch selbst loben? Können wir uns eingestehen, dass wir uns angestrengt haben, dass wir froh und glücklich sind, wenn wir erfolgreich waren? Können wir auch Lob von anderen annehmen oder neigen wir zur Abwertung? „Nicht der Rede wert! Das war doch nichts Besonderes! Das hätte jeder andere auch gekonnt! Das war ja auch nicht schwierig" usw.

Es gibt viele Situationen im Alltag, in denen wir entscheiden, ob wir die Blüte oder die Dornen sehen. Es lohnt sich, vermehrt darauf zu achten.

Erkenntnis:

Wenn wir im Alltag mehr Ausschau nach „halb vollen Flaschen" halten und eher die Dinge sehen, die wir zur Verfügung haben, könnten sich mehr Zufriedenheit und Dankbarkeit einstellen.

Hab ich Dir schon erzählt, ...

Erkenntnisse im Schnee

welche Weisheiten sich im Schnee verbergen können?

Vor Jahren wohnte ich in der Nähe von Kassel. Die Gegend dort war etwas bergig, so dass man im Winter damit rechnen musste, eher als in tiefer gelegenen Regionen eingeschneit zu werden. Es war Anfang Januar, als ich eines Morgens feststellen musste, dass es die ganze Nacht geschneit hatte. Der große weiße Hügel vor meinem Haus ließ nur erahnen, dass sich darunter mein Auto befand. Es ging also erst einmal darum, mit Schaufel und Handfeger den PKW vom Schnee zu befreien, was allerdings dazu führte, dass um das Auto herum noch mehr Schnee lag. Schließlich versuchte ich den Wagen zu starten, legte den ersten Gang ein, gab Gas, und die Räder drehten durch. Also brauchte ich mehr Kraft, gab noch mehr Gas, und die Räder drehten noch mehr durch. Ich war gezwungen, auszusteigen und mit der Schaufel den Boden weiträumiger vom Schnee zu befreien, um endlich losfahren zu können.

Später erkannte ich, dass ich ein logisches Prinzip angewendet hatte, das aber für die vorhandenen Bedingungen nichts taugte. Ich war nach dem Motto vorgegangen „Wenn die Kraft für einen bestimmten Effekt nicht ausreicht, verstärke die Kraft." Wenn wir eine Mauer einreißen wollen, mag das zutreffen. Wenn wir einen Holzklotz spalten wollen, mag das stimmen.

Wir können daraus aber keine allgemeine Regel ableiten. Es gibt Bedingungen, bei denen wir ein anderes Prinzip benötigen. Das Motto „Wenn etwas nicht funktioniert, mach mehr davon" muss ersetzt werden durch „Wenn etwas nicht funktioniert, mach etwas anderes". Für das eingeschneite Auto bedeutet das: Lege den zweiten Gang ein, gib etwas Gas, nutze eine Schaukelbewegung, die du verstärkst, dazu, um über den Schnee hinwegzukommen.

Wir können diese Erkenntnis auch auf andere Bereiche unseres Lebens übertragen. Wenn wir merken, dass wir jemanden nicht von einer Meinung überzeugen können, versuchen wir dann nicht manchmal, den Druck durch größere Lautstärke oder Schreien zu verstärken? (Wir haben es ja im Guten versucht, also hilft jetzt nur noch die Brechstange). Wenn wir mit dem Einschlafen Schwierigkeiten haben, weil uns viele Gedanken des zurückliegenden Tages durch den Kopf gehen, ist es überhaupt nicht hilfreich, sich auszumalen, dass wir nur noch fünf Stunden Zeit zum Schlafen haben; dass wir uns morgen früh wahrscheinlich wie gerädert fühlen und den ganzen Tag nicht so richtig auf die Beine kommen werden. Anstatt den Druck zu vergrößern, wäre vielleicht Entspannungsmusik, das Fotoalbum mit den letzten Urlaubsfotos oder ein Kreuzworträtsel hilfreicher.

Wenn wir es eilig haben, verbessern wir in der Regel unsere Lage nicht, indem wir uns mit Antreibern bombardieren: "Jetzt beeil dich! Mach schnell! Was werden die anderen denken, wenn du zu spät kommst! Reiß' dich zusammen! Denk' an die Folgen!"

Wenn jemand einen Hang zur Perfektion hat und unter ständiger Anspannung mit der Befürchtung lebt, er könne einen Fehler machen, wird er das Problem nicht dadurch lösen, indem er seine Anstrengungen verstärkt, seine Kontrollmechanismen ausdehnt und sich ständig mit möglichen Fehlerquellen beschäftigt. Es geht hier vielmehr um die Erkenntnis, dass Perfektionismus eine Utopie ist, und dass wir eher lernen sollten, mit Fehlern umzugehen, da wir alle fehlbar sind.

Erkenntnis:

Auch im Schnee kann man manchmal Weisheiten erkennen.
Achte darauf, ob das Prinzip „Mache ein Mehr Desselben!" für die vorhandenen Bedingungen sinnvoll ist, oder ob die Regel „Wenn etwas nicht funktioniert, mach etwas Anderes" zu besseren Resultaten führt.

Hab ich Dir schon erzählt, ...

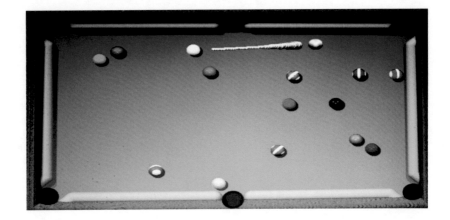

dass ich mir vor einiger Zeit Gedanken über die Kausalität gemacht habe?

Es war einer dieser Abende, an denen man sich schlapp fühlt, und sich halb dösend im Sessel seinen auftauchenden Gedanken hingibt. Mein Blick war längere Zeit auf das große Terrassenfenster gerichtet. Ob in einem bestimmten Moment aus den tiefsten Tiefen meines Unbewussten verdrängte aggressive Impulse an die Oberfläche drängten, kann ich nicht genau sagen. Jedenfalls tauchte die Frage auf. "Was würde passieren, wenn ich den Glasaschenbecher gegen die Scheibe schleuderte?" Es war ja nur ein Gedankenexperiment, und die Frage war schnell beantwortet. „Die Glasscheibe ginge kaputt, und Scherben befänden sich auf der Terrasse und auf dem Teppich." Die nächste Frage, die sich mir stellte, war: "Was war die Ursache?" Banaler ging es nicht. „Natürlich der Aschenbecher!" So weit schien alles klar zu sein, und ich hätte mich den wichtigen Dingen des Lebens zuwenden können. „Wenn aber die Scheibe nicht vorhanden gewesen wäre?" Dann hätte es auch keine Scherben gegeben. Sehr tiefsinnig waren meine Gedanken bis zu diesem Punkt offenbar nicht.

Wenn wir doch aber immer von „der Ursache" sprechen, kann hier etwas nicht stimmen. Da nach *Einstein* alles relativ ist, hätte ich auch die Scheibe gegen den Aschenbecher werfen können. Dann wären auch Scherben entstanden, und die Scheibe wäre die Ursache? Wir scheinen ein bestimmtes Bild zu haben, nachdem die Ursache einer bewegten Masse zugeschrieben wird, und die ruhende Masse ist die Leidtragende.

Was aber passiert, wenn zwei Autos mit gleicher Geschwindigkeit direkt aufeinander zufahren und zusammenstoßen? Was ist die Ursache?

Wenn ich einen Apfel in der Hand halte und sie dann öffne, so dass er zu Boden fällt; liegt es dann am Öffnen der Hand oder an der Gravitation? So langsam schien das alles nicht mehr so banal zu sein wie am Anfang.

Wenn wir nur eine einzige Kraft oder Masse annehmen (z.B. eine ins Weltall abgefeuerte Kanonenkugel), und es gäbe keine andere Kraft oder Masse, würde es nie zu einem Ereignis kommen. Die Kugel flöge geradeaus in die Unendlichkeit. Wir brauchen also mindestens 2 Kräfte oder Massen, die als Ursachen für irgendein Ereignis anzusehen sind. Es gibt also genau genommen immer 2 Ursachen.

Diese Ansicht weicht natürlich von unserer Alltagserfahrung oder vom Umgang mit Alltagssituationen ab. Wenn ich bei Rot über eine Ampel fahre und mit einem anderen Auto zusammenstoße, werde ich mich nicht damit ausreden können, dass ich vorhin auch schon bei Rot über eine Ampel fuhr. Da aber kein anderes Auto vorhanden war, sei auch nichts passiert. Also sei das Vorhandensein des jetzigen PKW ursächlich am Unfall beteiligt, und wir müssten uns den Schaden auf jeden Fall teilen. Wir sollten uns aber eingestehen, dass der Umgang auf gesellschaftlicher oder juristischer Ebene, z.B. in Bezug auf Schadenersatzansprüche, anderen Prinzipien gehorcht als auf physikalischer Ebene.

Es gibt noch andere Überlegungen zur Kausalität. Wenn ich mit einem Queue eine Billardkugel anstoße und diese eine andere Kugel trifft, was ist die Ursache? Die rollende Kugel? Der Queue? Mein Arm? Die Einladung meines Freundes, weil ich sonst heute gar nicht Billard spielen würde? Die Freundin meines Freundes, die kurzfristig zu ihrer kranken Mutter fahren musste, und deshalb mein Freund auf die Idee kam, Billard zu spielen? Im Grunde genommen haben wir es immer mit Kausalketten zu tun. Wo wollen wir da den Anfang und das Ende setzen?

Erkenntnis:

Mitunter gehen wir mit bestimmten Phänomenen mit großer Selbstverständlichkeit um. Macht man sich aber tiefer gehende Gedanken, kommt man zu erstaunlichen und überraschenden Ergebnissen.

Hab ich Dir schon erzählt, ...

Die dramatische Sprache

was mir beim Gebrauch der Sprache im Alltag aufgefallen ist?

Die Sprache ist ein weites Feld. Um es gleich vorwegzunehmen: Ich rede hier von sprachlichen Übertreibungen. Wir kennen sie aus der Jugendlichen-Szene; wir kennen sie aus der Werbung. Hustenbonbons waren schon früher bärenstark und bestimmte Kleidungsstücke todschick, die Werbung verspricht das weißeste Weiß, die neue Freundin ist super-affen-geil, der neue Nachbar ultra-mega-cool. Man versucht das „Ultimativste" durch immer weitere Steigerungen „am Perfektesten" rüberzubringen. So entstehen immer wieder neue Wortschöpfungen und Wortungetüme, da die gängigen Steigerungen einfach nicht mehr ausreichen. Man mag darüber schmunzeln. Wir haben uns daran gewöhnt, und die Linguisten bekommen Magenbeschwerden.

Es gibt aber auch Steigerungen in die entgegengesetzte Richtung. Dass die Frisur nicht sitzt, ist schrecklich. Dass Horst-Dieter in der Deutscharbeit eine Fünf geschrieben hat, ist furchtbar. Dass der Wagen nicht anspringt, ist entsetzlich, und dass ausgerechnet beim Essen anlässlich einer Hochzeit die Kartoffel über die weiße Tischdecke rollt, ist katastrophal und mega-peinlich dazu. Ich kenne Personen, die solche Begriffe häufiger benutzen. Wenn jemand äußert, er sei in Panik geraten, als er merkte, dass er keine Zigaretten mehr hatte, dann frage ich mich, welches Vokabular der Betreffende noch zur Verfügung hat, wenn er die Bilder in der Tagesschau beschreiben sollte, die zeigen, wie Menschen angsterfüllt ziellos auf die Straße laufen, weil die Erde bebt und die Häuser zusammenstürzen. Welche Begriffe bleiben uns noch, wenn wir mit Naturkatastrophen, mit Hungersnot, mit Bürgerkrieg und Verbrechen konfrontiert werden, auch wenn wir dabei auf dem Sofa sitzen? Ich habe den Eindruck, dass wir mitunter sehr leichtfertig mit solchen überzoge-

nen Negativ-Zuschreibungen umgehen, Abweichungen im Alltag dramatisieren, und die Relationen verloren gehen. Warum können wir uns
nicht mit Aussagen begnügen wie: das war enttäuschend, das erlebte ich
als frustrierend, das war sehr belastend. Ich habe mich geärgert, ich war
sehr betroffen, ich fühlte mich genervt. Es war sehr unangenehm für
mich, ich fühlte mich hilflos usw. Diese Beschreibungen würden reichen.
Sie wären angemessen und machen trotzdem deutlich, dass wir es mit
den Widrigkeiten des Alltags zu tun haben.

Es gibt aber noch einen anderen Aspekt, den wir berücksichtigen sollten.
Begriffe wie Panik, Entsetzen, schrecklich, Katastrophe usw. schaffen auf
unterschwelliger Ebene im Gehirn die Voraussetzungen für vegetative
und hormonelle Veränderungen. Unser Unterbewusstsein nimmt die
Begriffe für bare Münze und setzt entsprechende Reaktionen in Gang.
Meist sind sie nicht so stark, dass sie für uns immer spürbar sind. Dennoch tun wir damit unserem Körper keinen Gefallen.

Erkenntnis:

Achten wir einmal darauf, ob wir häufiger zu negativen Superlativen
neigen, und zwar im Zusammenhang mit alltäglichen Problemen und
Widrigkeiten. Sollten wir feststellen, dass wir völlig überzogen haben,
dann drücken wir es doch angemessener aus. Es dürfte einen positiven
Einfluss auf unseren Körper und unsere Befindlichkeit ausüben.

Hab ich Dir schon erzählt, ...

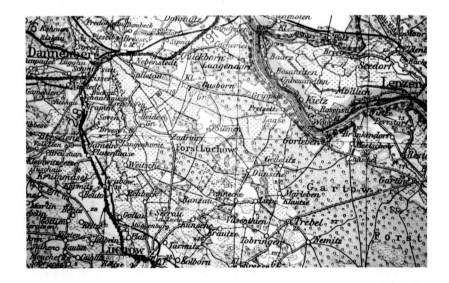

Die veraltete Straßenkarte

wie es war, als ein Freund sich verfahren hatte?

Es ist schon einige Zeit her. Da hatte ich ein längeres Gespräch mit einem Freund. Wir unterhielten uns über alles Mögliche, und unter anderem erzählte er mir folgende Geschichte. Er hatte sich an einen früheren Arbeitskollegen erinnert und nahm wieder telefonischen Kontakt mit ihm auf. Schließlich kam man überein, dass mein Freund ihn besuchen könnte. Eines Sonntags machte er sich per Auto auf den Weg. Sein letzter Besuch lag schon Jahre zurück, aber er glaubte, eine ungefähre Vorstellung von der Wohnstätte und der Strasse in der betreffenden Stadt zu haben, aber er hatte Schwierigkeiten, die Adresse zu finden. Schließlich fand er neben anderen Utensilien im Handschuhfach eine Straßenkarte und versuchte, sich an dieser zu orientieren. Um es kurz zu machen, selbst nach einer weiteren halben Stunde hatte er das Haus des Kollegen noch immer nicht gefunden. Er steuerte schließlich eine Tankstelle an und ließ sich den Weg beschreiben.

Beim Kollegen angekommen gingen beide noch einmal die Karte durch, da es meinem Freund unerklärlich war, warum er sich so verfahren hatte. Dabei bemerkten sie, dass die Straßenkarte zehn Jahre alt war. Inzwischen hatte es viele Veränderungen gegeben. Die neue Umgehungsstraße mit entsprechenden Abzweigungen war auf der Karte natürlich nicht eingezeichnet, und so war es kein Wunder, dass er solche Schwierigkeiten hatte.

Die Lehre daraus ist, dass die Hilfsmittel, Instrumente und Werkzeuge, die uns das Leben erleichtern sollen, für die aktuellen Bedingungen angepasst sein sollten. Das Bordwerkzeug in meinem Käfer hat vor 40 Jahren gute Dienste geleistet. Würde ich mich allerdings heute mit meinem Peugeot auf sie verlassen, würde ich mein blaues Wunder erleben. Selbst wenn etwas zu einer bestimmten Zeit sehr hilfreich war, muss es nicht zwingend zur aktuellen Situation passen.

Diese Erkenntnisse können wir auch auf unsere psychischen Werkzeuge übertragen. Denkgewohnheiten und Verhaltensweisen sowie Problemlösestrategien haben nicht automatisch ewige Gültigkeit. Ein neuer Wohnort, eine neue Arbeitsstelle, ein neuer Partner oder andere veränderte Lebensbedingungen machen in wesentlichen Bereichen ein Umlernen erforderlich. Wir müssen kein neuer Mensch werden oder unsere Identität aufgeben. Wir können uns aber nicht darauf verlassen, dass unsere Gewohnheiten immer zu den gewünschten Resultaten führen. In meiner Praxistätigkeit erlebe ich es hin und wieder, dass Personen, deren frühere Beziehung durch Scheidung oder Tod beendet wurde, sich in einer neuen Partnerschaft schwer tun, weil sie häufig Vergleiche mit dem damaligen Partner anstellen, und sie Schwierigkeiten haben, sich auf das Neue umzustellen. Es gibt andere, die in einem eher kindlichen Muster verhaftet und bestrebt sind, durch Angepasstheit Zuwendung und Beachtung zu erhalten, obwohl sie mittlerweile Erwachsene sind. Sie haben gleichsam immer noch das alte Werkzeug. Haben wir nicht schon über Personen gelächelt oder uns geärgert, die sinngemäß zum Ausdruck bringen. „Früher hätte es das nicht gegeben. Da herrschte noch Zucht und Ordnung. Da müsste mal hart durchgegriffen werden." Hier versucht jemand die früheren Strategien auf die heutigen Bedingungen zu übertragen. Ob das funktioniert, sei dahin gestellt.

Erkenntnis:

Wenn wir in Schwierigkeiten geraten oder etwas nicht funktioniert, sollten wir einmal prüfen, ob unsere mechanischen aber auch unsere psychischen Werkzeuge für die aktuellen Bedingungen tauglich sind.

Hab ich Dir schon erzählt, ...

Mensch ärgere dich

dass nicht wenige Menschen das Spiel „Mensch ärgere dich" spielen?

Stellen wir uns einmal folgende Situation vor: Ich habe mich mit einem Freund an einem bestimmten Ort in der Innenstadt verabredet. Zur vereinbarten Zeit ist er nicht erschienen, und mittlerweile warte ich schon 15 Minuten. „So langsam ärgere ich mich", und ich weiß auch warum. „Der Schuft, der hätte doch Bescheid sagen können. Der lässt mich hier stehen, und ich weiß nicht was los ist!" So oder so ähnlich würde wohl mancher denken. Doch halten wir an dieser Stelle inne. „Ich ärgere mich." Ist mir überhaupt klar, was ich da ausdrücke? „*Ich* ärgere *mich*." Ich selbst tue mir etwas an. Ich selbst trage also die Verantwortung für meinen Ärger. Das stimmt. Andererseits ist uns das meistens gar nicht bewusst, zumal wir die Verantwortung oder das Verschulden einem anderen oder den Bedingungen oder dem Schicksal in die Schuhe schieben und daraus eine Rechtfertigung für unseren Ärger ableiten.

Natürlich sind wir von der Erwartung ausgegangen, dass unser Freund pünktlich sein wird. Jetzt werden wir mit einer Abweichung konfrontiert (er ist bisher nicht erschienen) und wir sehen uns gezwungen, eine Entscheidung zu treffen. Manchem fällt es schwer, die Verantwortung für diese Entscheidung zu übernehmen (wäre er pünktlich gewesen, hätte ich jetzt kein Problem). Also ist der Freund der Schuldige, womit wir unseren Ärger rechtfertigen. Wenn wir aber keine Verantwortung für die Situation haben, wären wir den Umständen hilflos ausgeliefert und unser Ärger würde so lange bestehen bleiben, bis sich von außen glückliche Veränderungen ergeben. Das kann manchmal sehr lange dauern.

Ich habe eben davon gesprochen, dass wir uns veranlasst sehen, eine neue Entscheidung zu treffen. Das bedeutet aber, dass wir Einfluss auf die Situation nehmen können. Wir könnten uns fragen, was unter den neuen Bedingungen (der Freund erscheint nicht) für uns das Angemessenste ist. „Ich habe jetzt 15 Minuten gewartet. Es ist müßig darüber nachzudenken, warum Karl-Heinz nicht erschienen ist. Ich werde jetzt gehen. Schade, dass das Treffen nicht geklappt hat. Dann kann ich aber noch andere Dinge erledigen." Wir könnten uns aber auch anders entscheiden. „Das Treffen mit meinem Freund ist mir sehr wichtig. Vielleicht ist er irgendwie aufgehalten worden. Ich werde auf jeden Fall noch eine Viertelstunde warten." Wenn wir in Bezug auf die Lösung der Situation die Verantwortung übernehmen, können wir fürsorglicher mit uns umgehen als den Ärger mit uns herumzutragen. „Ach soll ich mich vielleicht auch noch freuen, dass ich hier umsonst warte!?" Nein, wir müssen nicht in das andere Extrem fallen. Wir sollten uns aber folgendes bewusst machen:

Jeder hat in verschiedenen Situationen eigene Vorstellungen vom Verlauf oder dem Ergebnis von Ereignissen, die für uns wünschens- oder erstrebenswert sind. Andererseits wissen wir, dass uns die Realität ständig Abweichungen beschert. Wir haben die Wahl, ob wir uns permanent ärgern wollen, oder ob wir fürsorglich mit uns umgehen und Verantwortung für neue Entscheidungen übernehmen wollen, die den veränderten Bedingungen Rechnung tragen. (Ich hatte vor, eine Fahrradtour zu machen. Jetzt muss ich feststellen, dass es regnet. Ich kann mich ärgern, und der Tag ist gelaufen. Ich kann auch eine neue Entscheidung treffen. Besuche ich stattdessen einen Freund? Gehe ich ins Fitnessstudio? Erledige ich wichtige Telefonate? Die Entscheidung liegt bei uns. Für unser Wohlergehen sind wir selbst verantwortlich. Übernehmen wir die Verantwortung. Ärger mit sich herumzutragen, verändert die Situation nicht, produziert aber Stresshormone.

Erkenntnis:

Ärger ist eine „Erfindung" der Natur, mit der uns Energien zur Verfügung gestellt werden, die wir für Veränderungen oder neue Entscheidungen sinnvoll einsetzen können. Wir können diese Energien allerdings auch gegen uns selbst richten und uns ärgern. Übernehmen wir die Verantwortung, um fürsorglich mit uns umzugehen. Wie sagte Konrad Adenauer: "Wer sich ärgert, büßt die Fehler anderer." Spielen wir nicht länger „Mensch ärgere dich".

Hab ich Dir schon erzählt, ...

Vom Guten zum Schlechten

dass man alles Gute so weit steigern kann, bis es ein Schlechtes wird?

I n den unterschiedlichen Lebensbereichen haben wir ständig mit menschlichen Bedürfnissen zu tun. Die elementarsten sind Trinken, Essen, Schlafen. Dazu kommen Bedürfnisse nach Anerkennung, Geborgenheit, Sicherheit, Individualität, Kontakten, Sexualität sowie Freizeit, Spiel, Spaß. Arbeit, Beschäftigung, wirtschaftliche Sicherheit, Gesundheit, Spiritualität, Suche nach dem Sinn des Lebens usw. gehören ebenfalls dazu. Die Liste ist nicht vollständig und stellt auch keine Rangfolge dar. Diese Bedürfnisse stellen etwas Notwendiges, etwas Sinnvolles und Natürliches dar. Wenn ich nun behaupte, alles ließe sich so weit steigern, bis es ein Schlechtes wird, werden dir wahrscheinlich spontan einige Beispiele einfallen.

Wenn man zu viel isst, wird einem übel, oder man leidet irgendwann unter Übergewicht. Wenn man zu viel arbeitet, wird man Workaholic, leidet unter Schlafstörungen und bekommt irgendwann ein Magengeschwür. Wenn man nur an Spiel und Spaß denkt, leidet unter Umständen die finanzielle Sicherheit, oder es wird auf Dauer langweilig. Wer nur auf die Gesundheit achtet, wird vorwiegend Gesundheitsbücher und die Apotheken Umschau lesen, mindestens einmal pro Woche zum Arzt gehen, und muss sich den Vorwurf des Hypochonders gefallen lassen. Diese Beispiele sind offensichtlich.

Es gibt aber subtilere Fälle, in denen ein gedankliches Geheimprogramm im Hintergrund abläuft. Haben wir nicht schon Situationen erlebt, bei denen wir uns hinterher fragten, warum wir so viel getrunken oder gegessen haben? Ob die Investition für den neuen Wagen nötig war? Ob wir den dritten Fotoapparat oder die neunte Armbanduhr wirklich brauchen? Das vierte Paar Schuhe innerhalb eines Monats?

Halten wir uns vor Augen: Das Gute ist gut, und manchmal kann man ein Mehr des Guten tun. Doch es gibt eine magische Grenze, und es ist des Guten zu viel. Kaum jemand wird eine Formel aufstellen, nach der ein halbes Hähnchen gut schmeckt und zwei halbe Hähnchen doppelt so gut munden. Danach müssten wir nach dem siebten halben Hähnchen irgendwo im Paradies landen. Dennoch gaukeln uns bestimmte Gedanken etwas Ähnliches vor. Stehen wir im Urlaub am Hotelbuffet, leuchten die Augen und wir verspüren den Drang, von jeder Speise kosten zu müssen. Gerade weil alles so gut schmeckt, essen wir weiter. Irgendwann ist der Gürtel plötzlich so eng, und wir bereuen unsere Gier. Das innere Programm macht uns zunächst glauben, wir könnten durch eine Fortsetzung des Guten die guten Gefühle aufrechterhalten oder sogar noch steigern. Das ist ein Irrtum. Irgendwo gibt es diese unsichtbare Grenze, den Scheitelpunkt, an dem das System kippt. Es ist nicht immer einfach, diesen magischen Punkt rechtzeitig zu erkennen. Diese Prinzipien gelten auch für komplexere Bereiche. Einer fürsorglichen Mutter, die sich um ihre Kinder kümmert, sie unterstützt und Geborgenheit gibt, werden wir mit Hochachtung begegnen. Bei einer überfürsorglichen denken wir wohl an eine Glucke, die den Kindern keine Entfaltungsmöglichkeiten gibt und sie eher zur Unselbständigkeit erzieht. Sprachlich drücken wir das Überschreiten des Scheitelpunktes durch das kleine Wörtchen „zu" aus: zu pflichtbewusst, zu ehrgeizig, zu anhänglich, zu freigiebig, zu angepasst, zu offenherzig, zu verschwiegen, zu sinnlich usw.

Erkenntnis:

Das Gute kann so weit gesteigert werden, dass es ein Schlechtes wird. Achten wir darauf, den magischen Scheitelpunkt rechtzeitig zu erkennen. Fallen wir nicht auf ein tückisches inneres Programm herein, das uns vorgaukelt, durch ein weiteres Mehr, könnten wir einen guten, glücklichen Zustand bewahren oder sogar noch steigern. Das Gegenteil wird eintreten. In der Beschränkung liegt nicht selten Weisheit.

Hab ich Dir schon erzählt, ...

dass wir uns hüten sollten, Unmöglichkeiten in Angriff zu nehmen?

Wenn dir jemand zwei Streichhölzer gibt und dich auffordert, damit ein Dreieck zu legen, ohne eines zu zerbrechen, würdest du mit Sicherheit dankend ablehnen. Oder du denkst, der andere will dich auf den Arm nehmen. Wir würden sofort die Unmöglichkeit durchschauen.

Es gibt andere Situationen, in denen das Erfüllen unserer Ansprüche ebenfalls in den Bereich der Unerreichbarkeit fällt. Wir erkennen es aber nicht, obwohl wir ständig scheitern, oder wir wollen es nicht wahrhaben und setzen uns permanent darüber hinweg.

Ich möchte aber erst eine kleine Geschichte erzählen.

Ein Beduine und sein kleiner Sohn, der auf einem Esel sitzt, ziehen durch den Wüstensand. Es ist beschwerlich, und die Sonne brennt. Plötzlich ertönt von oben eine Stimme: "Hat man so etwas schon gesehen! Der Junge sitzt auf dem Esel, und der alte gebrechliche Mann tut sich schwer, seine Beine zu bewegen." Der Vater ist erschrocken. Der Sohn steigt ab, und der Vater nimmt auf dem Esel Platz. Nach einer Weile ertönt wieder eine Stimme: "Das darf doch wohl nicht wahr sein! Der Alte macht es sich auf dem Esel bequem, während der kleine Junge Mühe hat, durch den Sand zu stapfen." Der Vater hat ein schlechtes Gewissen und hilft seinem Sohn hinauf, so dass jetzt beide auf dem Esel reiten. Nachdem eine gewisse Zeit vergangen war, meldet sich wieder eine Stimme: "Das gibt es nicht! Da reiten zwei Personen auf diesem kleinen Esel. Haben die denn überhaupt kein Mitleid mit dem Tier?" Der Vater nimmt sich das zu Herzen, und beide steigen ab. So laufen

Vater und Sohn eine Weile neben dem Esel her. Plötzlich ertönt von oben schallendes Gelächter: "Hat man so etwas schon gesehen! Da laufen ein Alter und ein kleiner Junge durch den Wüstensand. Obwohl sie einen Esel dabei haben, nutzen sie ihn nicht!"

Wahrscheinlich ist schnell klar geworden, was hier gespielt wird. Du kannst dich verhalten wie du willst, irgendjemand kann immer etwas daran aussetzen. Dazu sind die Meinungen und Auffassungen, die Einstellungen, Sichtweisen und Bewertungen der Menschen zu unterschiedlich. Wenn du den Versuch unternimmst, es allen recht zu machen, wirst du in der Regel scheitern. Wir haben es hier mit einer dieser Unmöglichkeiten zu tun, von denen ich vorhin sprach.

Warum versucht mancher dennoch alles daranzusetzen, die Bedürfnisse und Erwartungen anderer Personen zu erfüllen? Manchmal steht folgende Überlegung dahinter: "Wenn ich alle Erwartungen erfülle, dann muss man mich doch mögen." Meistens überwiegt diese Variante: „Wenn ich es anderen recht mache, dann kann man mich nicht ablehnen oder kritisieren." Auch wenn solche Befürchtungen nachvollziehbar sind, funktioniert dieses Vorgehen nicht. Im Übrigen entstehen weitere Konsequenzen. Wenn wir nur die Erwartungen der anderen im Blick haben, verlieren wir uns selbst aus den Augen. Irgendwann wissen wir nicht mehr, wer wir sind. Wir kennen unsere eigenen Wünsche, Bedürfnisse, Vorlieben, Abneigungen, Meinungen und Standpunkte nicht mehr. Wir haben uns selbst aufgegeben.

Erkenntnis:

Natürlich dürfen wir hilfsbereit sein, jemandem Wünsche erfüllen oder einen Gefallen tun. Wir sollten aber nicht um jeden Preis alles daransetzen, es anderen recht zu machen. Vielleicht müssen wir lernen damit umzugehen, wenn eine andere Person abweisend reagiert oder uns kritisiert. Dennoch ist es wichtig, die eigene Identität zu wahren. Wir zahlen sonst einen hohen Preis.

Außerdem funktioniert es nicht.

Hab ich Dir schon erzählt, ...

---

dass ich mich manchmal an Situationen erinnere, die ich in die Rubrik „verpasste Gelegenheit" einordne?

Ich weiß nicht, ob du das auch schon erlebt hast. Man befindet sich in einer bestimmten Situation. Es passiert nichts Dramatisches, aber man spürt ein Bedürfnis etwas zu sagen oder zu tun. Vielleicht wartet man auf einen günstigen Zeitpunkt, vielleicht stellen sich Bedenken oder Hemmungen ein. Die Situation geht vorüber. Unter Umständen schätzt man die Bedingungen auch anders ein oder ist abgelenkt. Die Situation geht vorüber. Kurz danach oder etwas später fällt es einem wie Schuppen von den Augen, und man fragt sich „Warum habe ich nichts gesagt? Warum habe ich nicht anders gehandelt?" Man versteht sich selbst nicht und macht sich Vorwürfe.

Ich erinnere mich an eine Situation in Kassel. Ich hatte dort meine Praxis und musste hin und wieder in die Innenstadt. Dort kam ich jedes Mal an einem Bettler vorbei. Er hielt sich immer an der gleichen Stelle auf. Irgendwie tat er mir leid. Warum gerade er, weiß ich nicht, denn es gab mehrere Bettler in der Stadt. Bei jeder Begegnung tauchte der Gedanke auf, ihm etwas Geld zuzustecken. Ich tat es nicht. Bis heute weiß ich nicht warum. Und jedes Mal hatte ich hinterher Gewissensbisse.

Dann kam für mich bis auf weiteres der letzte Besuch in der Innenstadt, denn ich stand kurz vor dem Umzug nach Bad Eilsen. Und wieder sah ich diesen Bettler. Dieses Mal nahm ich schon bevor wir uns begegneten einen Geldschein heraus, ging auf ihn zu, drückte ihm den Schein in die Hand und sagte nur: „Hier, das ist für Sie." Überschwänglich wollte er sich bedanken, und ich merkte, wie er sich freute. Ich klopfte ihm auf die

Schulter. „Ist schon o.k." Jetzt war es auch für mich in Ordnung. Das Unverständnis über mein Verhalten in den Situationen vorher aber blieb. Es gab andere Begegnungen, z.B. mit meinem Vater. Es ging ihm gesundheitlich nicht mehr gut. Früher konnten wir miteinander reden und lachen. Humorvoll waren wir beide. Jetzt saßen wir oft schweigend beieinander, obwohl es manches gegeben hätte, was ich ihm hätte sagen wollen. Aus irgendwelchen Gründen tat ich es nicht. Die letzte Chance wie bei dem Bettler hatte ich hier nicht. Der Gesundheitszustand verschlechterte sich und er verstarb Monate später. Und dann waren sie wieder da, die Gedanken und die Frage, warum ich mich nicht anders verhalten habe.

Vor ein paar Wochen hielt ich mich am Hähnchenstand auf. Vor mir standen zwei Jungen, wahrscheinlich Brüder; der eine ungefähr elf, der andere ca. sechs Jahre alt. Der ältere bestellte zwei halbe Hähnchen. Es stellte sich aber heraus, dass die fünf Euro nicht ausreichten, die er in der Hand hielt. Der kleinere drückte seine Enttäuschung aus, während sein Bruder ihn tröstete: „Dann teilen wir uns eben ein halbes Hähnchen". Und so zogen sie von dannen. Nachdem ich meine Bestellung erhalten hatte und wieder im Auto saß, fühlte ich mich plötzlich elendig. Erst jetzt fiel mir auf, dass es für mich kein Opfer gewesen wäre, den beiden 50 Cent in die Hand zu drücken, und die beiden wären selig gewesen. Warum habe ich da nicht reagiert? Ich weiß es wieder nicht. Auf jeden Fall fühlte ich mich nicht gut.

Zum Glück sind solche Situationen nicht an der Tagesordnung. Und dennoch! Es bleibt mein Unverständnis, warum ich mich manchmal ganz anders verhalten habe, als ich es bei genauer Überlegung hätte tun wollen.

Erkenntnis:

Wir sollten unsere Aufmerksamkeit und Sensibilität für bestimmte Situationen stärken. Wenn wir das Bedürfnis haben, jemandem etwas Gutes zu tun oder etwas Wichtiges zu sagen, dann sollten wir nicht warten. Erkennen wir die Chancen schneller, handeln spontaner und warten nicht auf günstige Gelegenheiten, sonst plagen uns später die „verpassten Gelegenheiten".

Hab ich Dir schon erzählt, ...

Unter der Straßenlaterne

dass man Lösungen nicht unbedingt dort findet, wo es hell ist?

D iese Frage mag im ersten Moment etwas verwirrend klingen. Daher möchte ich mit einem Witz etwas Licht in die Dunkelheit bringen.

Ein Angetrunkener bewegt sich auf allen Vieren um eine Straßenlaterne herum. Er scheint etwas zu suchen. Ein Polizist, der zufällig vorbeikommt, fragt den Mann, ob er behilflich sein könne. „Ja", sagt dieser. „Ich habe meinen Hausschlüssel verloren." Eine Weile suchen beide den Bürgersteig im Lichtkegel der Laterne ab, bis es dem Polizisten merkwürdig vorkommt. „Sind Sie sicher, dass Sie Ihren Schlüssel *hier* verloren haben?" „Verloren habe ich ihn dahinten, aber dort ist es zu dunkel", entgegnete der Mann.

Die Komik ergibt sich aus der Absurdität dieser Argumentation. Wir haben es durchschaut, wir haben geschmunzelt, irgendjemand hat gelacht, und wir könnten zur Tagesordnung übergehen. Aber in manchen Witzen, Sprüchen und banalen Begebenheiten stecken mitunter tiefere Bedeutungen und halten uns einen Spiegel vor. Meines Erachtens kommt es gar nicht so selten vor, dass wir dort etwas suchen oder zu finden glauben, wo es hell, klar und offensichtlich ist. „Das ist doch sonnenklar, das liegt doch auf der Hand, das springt einem doch förmlich ins Auge."

Wir kennen sicherlich eine Menge Leute; die einen besser, die anderen nur flüchtig. Bei den meisten, nehme ich an, kennen wir nur die Fassade. Ich meine damit nicht, dass diese Personen sich verstellen. Es ist eher bildlich zu verstehen. Wenn wir vor einem Haus stehen, sehen wir die Vorderfront. Das ist ein winziger Ausschnitt dessen, was dieses Haus ausmacht. Damit wissen wir noch lange nicht, wie viele Räume sich in dem Haus befinden, wie es eingerichtet ist. Wir wissen nichts über den

Stil, die Atmosphäre, die Liebe zum Detail; und wir wissen nichts über die Personen, die dort wohnen. Leiten wir nicht dennoch manches aus der sichtbaren Fassade ab? Wir glauben zu wissen, dass dort nur jemand wohnen kann, der wohlhabend ist, der es beruflich zu etwas gebracht hat, dem es gut gehen muss. Oder handelt es sich um einen Angeber, einen Spinner, um jemanden, der es nötig hat zu protzen? Es sind unsere eigenen Konstruktionen. Vielleicht ist etwas dran, vielleicht auch nicht. Wir sollten es nicht mit der Wahrheit verwechseln, denn wir sahen nur einen kleinen Lichtkegel. Bevor wir ein verlässliches Urteil abgeben können, müssten wir uns in die Dunkelheit begeben; das heißt, wir brauchen eine Fülle weiterer Informationen.

Ein anderes Beispiel aus meiner Praxis: Wenn jemand eine Angstattacke in einem Fahrstuhl erlebt hat, sucht er gewöhnlich die Lösung dort, wo es hell, klar und offensichtlich ist. Kein Fahrstuhl, keine Angst. Also nimmt er die Treppe. Der Haken ist nur, dass das Angstproblem damit auf Dauer nicht gelöst ist. Mitunter werden bestimmte körperliche Symptome wie Magenbeschwerden, Kopfschmerzen oder innere Unruhe in einen vordergründigen Zusammenhang mit einer organischen Störung gebracht. Das muss nicht falsch sein. Dennoch ist es oftmals angebracht, den Lichtkegel zu erweitern, denn die gleichen Symptome können genauso durch psychische Probleme, Konflikte oder Stress zustande kommen.

Wenn wir in einem dunklen Raum sitzen und mit der Taschenlampe in eine Richtung leuchten, werden wir einen kleinen begrenzten hellen Ausschnitt des Zimmers sehen. Der Rest bleibt dunkel. Fällt der Lichtschein zufällig auf ein Fernsehgerät, werden wir nicht den Schluss ziehen: „Dieser Raum besteht aus einem Fernseher". Wir haben das Wissen von den anderen Dingen im Raum, auch wenn sie im Moment nicht sichtbar sind. An anderer Stelle neigen wir dazu, von dem, was wir sehen, auf das Ganze zu schließen. Würden wir den Scheinwerfer kreisen lassen, ergäbe sich ein umfassenderes Bild der Wirklichkeit.

Erkenntnis:

Suchen wir nicht nur dort nach Lösungen, wo es hell und offensichtlich ist. Verwechseln wir nicht den Lichtkegel mit der Ganzheit. Seien wir uns des kleinen Ausschnittes bewusst.

Hab ich Dir schon erzählt, ...

F a l l

e

wie schnell sich gedankliche Verzerrungen ergeben können?

„Wenn ich nicht erfolgreich bin, bin ich ein Versager."
„Wenn ich bei der Hochzeit tanzen muss, werde ich bestimmt in Ohnmacht fallen."
„Ich weiß, dass die anderen mich kritisch beobachten, wenn ich im Wartezimmer sitze."
„Meine Freundin hat mich verlassen. Ich habe einfach kein Glück bei Frauen."
„Ja, die Prüfung ist sehr gut gelaufen, aber das hätte jeder andere auch gekonnt."
„Wenn ich morgens aus dem Fenster sehe, und es regnet, ist der Tag schon gelaufen."

Was ist an diesen Sätzen so Besonderes, wird mancher vielleicht denken. So oder so ähnlich haben wir auch schon eine Situation, eine Ahnung oder Empfindung zum Ausdruck gebracht, oder wir haben es in abgewandelter Form von anderen gehört.

Auch wenn uns solche Äußerungen geläufig sind, möchte ich aufzeigen, dass sich in jedem dieser Sätze eine gedankliche Verzerrung versteckt. Nehmen wir Beispiel Nr.1: Hier gibt es offenbar nur zwei Kategorien; Erfolg oder Versagen. Nicht jeder Erfolgreiche siegt immer, und nicht jeder Versager verliert immer. Die vielen Zwischenstufen kommen hier nicht vor. Wir würden von einem *„Schwarz-Weiß-Denken"* sprechen.

Das zweite Beispiel enthält die Falle der *Dramatisierung*. Auch wenn es jemandem unangenehm ist, bei einer geselligen Veranstaltung zu tanzen, wird er nicht in Ohnmacht fallen. Beim dritten Satz erweist sich der Sprecher als *Hellseher*. Er ist überzeugt, die Gedanken der anderen zu kennen, auch wenn der Inhalt wenig wahrscheinlich ist. Im vierten Beispiel ist eine *Verallgemeinerung* enthalten. Wenn etwas in einem Fall nicht funktioniert hat, heißt das noch lange nicht, dass es in allen anderen Fällen auch nicht klappt. Der fünfte Satz drückt eine *Abwertung des Positiven* aus. Einerseits enthält er etwas sehr Angenehmes, andererseits wird es gleich wieder abgeschwächt. Im letzten Beispiel haben wir es mit einer *selbst erfüllenden Prophezeiung* zu tun. Hier konstruiert jemand einen Zusammenhang, für den es sachlich keinen Beweis gibt. Auch wenn es regnet, kann man gut drauf sein.

Auch wenn man es den harmlosen Sätzen auf Anhieb nicht ansah, enthalten sie unterschiedliche gedankliche Verzerrungen. Nun möchte ich nicht kleinkariert erscheinen, und jedem raten, jeden Satz, der gesprochen werden soll, auf die Goldwaage zu legen. Trotzdem kann es interessant sein, einmal nachzuspüren, ob man häufiger zu solchen Verzerrungen neigt, denn wir wissen, dass damit emotionale und vegetative Konsequenzen verbunden sind. Ängstlichkeiten, Stimmungsschwankungen, Niedergeschlagenheit und Missempfindungen können damit in Zusammenhang stehen.

Erkenntnis:

In abgewandelter Form können wir sagen:

„Achte auf deine Gedanken, denn sie bestimmen deine Worte."

„Achte auf deine Worte, denn sie werden zu Handlungen."

„Achte auf deine Taten, denn sie werden zu Gewohnheiten."

„Achte auf deine Gewohnheiten, denn sie prägen deinen Charakter."

„Achte auf deinen Charakter, denn er bestimmt dein Schicksal."

Hab ich Dir schon erzählt, ...

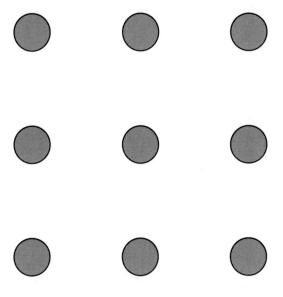

Das 9-Punkte-Problem

dass 9 Punkte zur Verzweiflung oder zu neuen Erkenntnissen führen können?

Als ich zum ersten Mal mit dem 9-Punkte-Problem konfrontiert wurde, dachte ich zunächst, das könne doch nicht so schwer sein. Ein bisschen knobeln, ein paar Versuche, und dann ist die Nuss geknackt. Nach einer halben Stunde war ich der Verzweiflung nahe aber nicht der Lösung. Ich war in die gleiche Falle getappt, wie wahrscheinlich viele, die mit diesem Problem erstmalig in Berührung kommen.

Vielleicht sollte ich zunächst die Aufgabe beschreiben. „Die neun Punkte (Siehe vorige Seite) sind alle mit 4 geraden Linien zu verbinden, ohne den Stift abzusetzen." Wer das Rätsel lösen möchte, sollte das Heft jetzt zur Seite legen. Die Ungeduldigen dürfen weiterlesen. Die Auflösung befindet sich auf Seite 196.

Wenn wir die Lösung kennen, fällt es uns wie Schuppen von den Augen. Was hat es uns so schwer gemacht, das an sich Einfache zu erkennen? Das Gehirn konstruiert Verbindungen, besonders zwischen den äußeren Punkten. Wir nehmen förmlich ein Quadrat wahr. Damit wird eine Begrenzung geschaffen. Innerhalb dieser Grenzen suchen wir die Lösung und scheitern.

Das, was wir hier an einem kleinen Rätsel erkannt haben, finden wir auch in anderen Lebensbereichen. Wir schaffen Begrenzungen und stellen uns selbst Hürden auf. Diese Einschränkungen entstehen zum Teil aus fehlenden oder falschen Informationen, aus mangelndem Zutrauen, aus inneren Einwänden und Blockierungen bzw. aus unangemessenen Überzeugungen. „Das habe ich doch noch nie gemacht." (Als sei das eine

Erklärung dafür, es auch in Zukunft nicht zu tun.) „Das kann ich bestimmt nicht." (Obwohl ich es noch nie ausprobiert habe.) „Was sollen die Leute denken." (Brauche ich für meine Interessen die Zustimmung anderer?) „In meinem Alter macht man das nicht". (Man kann auch mit 60 Jahren den Motorradführerschein machen oder einen Tanzkurs belegen.) „Ich werde mich bestimmt blamieren." (Dann dürften wir nie etwas zum ersten Mal tun.)

Die meiste Zeit verbringen wir mit Arbeit, um die finanzielle und wirtschaftliche Grundlage zu schaffen und zu sichern. Weiterhin regeln wir die Alltagsaufgaben und kümmern uns um die Erziehung und das Wohlergehen der Kinder. Andererseits haben wir Bedürfnisse, Interessen, Begabungen und Träume. Die Verwirklichung wird aber oftmals durch selbst gezogene Grenzen blockiert.

Als Soli (meine Partnerin) und ich Urlaub auf Gran Canaria machten, fiel mir an der Rezeption ein Prospekt in die Hände, der auf eine Tagestour nach Gambia (Afrika) hinwies. Drei Stunden Hinflug, Fahrt ins Landesinnere, unterschiedlichste Besichtigungen, Flussfahrt und dergleichen mehr. Es handelte sich um ein Programm von 24 Stunden. Nur zum Spaß nahm ich das Papier mit auf das Hotelzimmer. Später sprachen wir darüber, aber es gab die inneren Grenzen (schon wieder ein Flug; wer weiß, was das für ein Flugzeug ist; dort ist es viel zu heiß usw.). Rein informativ sprachen wir mit dem Reiseführer. Übermorgen sollte es losgehen; drei Plätze waren noch frei. Innerhalb von 3 Minuten hatten wir unsere Entscheidung getroffen und die inneren Grenzen gesprengt. Es war ein bleibendes Erlebnis und eine große Bereicherung. Man muss nicht mit 65 studieren, mit 70 das Matterhorn besteigen und mit 75 chinesisch lernen oder mit dem Schlauchboot den Atlantik überqueren. In bescheidenem Rahmen haben wir aber viele andere Möglichkeiten. Fragen wir uns, ob wir etwas zur Bereicherung unseres Lebens beitragen wollen, oder ob wir an unseren selbst gezogenen Grenzen festhalten.

Erkenntnis:

Viele Grenzen bestehen nicht in unserer Außenwelt, sondern in unserem Kopf. Prüfen wir, ob es sich lohnt, sie an manchen Stellen für unsere Weiterentwicklung und zu unserem Wohlergehen einzureißen. Unser menschliches Potenzial ist größer, als wir in einem Leben ausschöpfen können.

Hab ich Dir schon erzählt, ...

Über Ursachenforschung

dass Ursachenforschung nicht immer sinnvoll ist?

Zu Beginn einer Therapie geht es in der Regel darum, dass der Patient von seinen Problemen und Schwierigkeiten berichtet. Er macht deutlich, in welcher Lebenssituation er sich befindet, und worin sein Leidensdruck besteht. In diesem Zusammenhang tauchen gelegentlich folgende Fragen auf: „Ich habe mir schon oft den Kopf zerbrochen; ich möchte einmal wissen, woher das alles kommt. Ich war doch früher ganz anders. Dafür muss es doch eine Ursache geben." Die Frage scheint uns verständlich und nachvollziehbar zu sein. Die Beantwortung einer solchen Frage setzt allerdings voraus, dass es eine Ursache für die derzeitigen Schwierigkeiten tatsächlich gibt. Und jetzt geraten wir in Bedrängnis.

Es gibt sogenannte lineare Systeme, die beispielsweise mit A beginnen, darauf folgt B und darauf C, was wiederum D zur Folge hat. Schließlich landen wir bei Z. Im Umkehrverfahren könnten wir bei Z beginnen, schließen auf Y, das aus X entstanden ist, und landen bei A. Schlussfolgerung: A war die Ursache von Z. Das klingt nachvollziehbar. Nun ist das Leben eines Menschen kein lineares System sondern ein hoch komplexes. In einem komplexen System stehen viele Einzelfaktoren in Wechselwirkungen mit anderen Faktoren, und wir verlieren den Überblick, wenn es um die Frage einer Verursachung geht. Außerdem ist das Verursachungssystem ein völlig anderes als ein Lösungssystem.

Sehen wir uns folgendes Beispiel an: Wir stehen mit unserem PKW wegen einer Reifenpanne am Straßenrand. Würden wir uns sagen: „Bevor ich irgendetwas tun kann, muss ich zunächst zu Fuß die gefahrene Strecke zurückgehen, um den Nagel oder die Scherbe zu finden, die offenbar die Verursachung meiner Panne darstellt." Die nächste Frage lautet: „Hat die Kenntnis, ob ein Nagel oder eine Scherbe die Ursache war, einen gravierenden Einfluss auf meine anzustrebende Lösung, wie ich hier vom Straßenrand wieder wegkomme?" Mit Sicherheit nicht. Ob Scherbe oder Nagel: sie haben keinen Einfluss darauf, ob ich jetzt selbst einen Reifen-wechsel vornehme, meinen Freund Karl-Heinz anrufe oder einen ande-ren Autofahrer bitte, mich ein Stück mitzunehmen.

Selbst bei einem Flugzeugunglück steht die Frage nach der Ursache nicht im Vordergrund. Viel wichtiger ist, was man sofort tun kann, um die Passagiere zu retten, unabhängig davon, ob sich später Hinweise auf menschliches Versagen oder einen Materialfehler ergeben.

Ich behaupte, dass wir uns bei Schwierigkeiten und Problemen oftmals zu lange mit der Suche nach den Ursachen aufhalten. Mitunter ist es unmöglich, *die Ursache* zu finden. Und selbst wenn wir fündig werden sollten, ergibt sich daraus nicht zwingend eine Lösung. Bisweilen kommt es vor, dass die Ursachensuche auch eine gewisse Alibifunktion hat. „So-lange ich die Verursachung nicht kenne, kann ich auch nichts tun. Und wenn ich sie kenne, entzieht sie sich meinem Einfluss." Übernehmen wir doch lieber Eigenverantwortung für unser Wohlergehen und stellen an-dere Fragen: „Was kann ich jetzt tun? Was wäre für mein Anliegen hilf-reich? Wie könnte unter den gegebenen Bedingungen der erste Schritt in Hinblick auf Verbesserung aussehen? Wer oder was könnte mir behilflich sein? Welche Einflussmöglichkeiten habe ich selbst? Welche Lösungen habe ich schon zur Anwendung gebracht, die aber nicht funktionierten? (Also mach' etwas anderes!)" Solche Fragestellungen dürften sich als konstruktiver erweisen. Die Suche nach Hintergründen, Erklärungen und Verursachungen kann hier und da zusätzliche Erkenntnisse liefern. Oftmals wird sie aber überschätzt und lenkt uns von den Lösungen ab.

Erkenntnis:

Geben wir unserer eigenen Ursachenforschung nicht zu viel Gewicht. Es gibt mit Sicherheit etliche Bereiche, in denen die Suche nach Ursachen eine zusätzliche Bedeutung hat. In unseren Alltagssituationen sollten wir aber den Schwerpunkt auf die Lösungen und auf Veränderungen legen. Die Kenntnis von Ursachen führt nicht automatisch zu Lösungen. Wenn ich weiß, dass meine depressive Verstimmung mit meiner Arbeitslosigkeit zusammen hängt, habe ich damit noch keine Lösung, wie ich angemessener mit der Situation umgehen kann.

Hab ich Dir schon erzählt, ...

Mülltonnen als Selbstbestrafung

dass Mülltonnen manchmal gegen die eigene Person eingesetzt werden?

„Das darf doch wohl nicht wahr sein! So bescheuert kannst du doch gar nicht sein, dass du die Unterlagen für den Steuerberater nicht mehr wieder findest. Aber hier sieht es ja auch aus wie nach einem Bombenangriff. Ordnung ist für dich ein Fremdwort. Und überhaupt, weißt du wie du aussiehst? Rasieren könntest du dich auch mal wieder. So kann man sich doch nicht auf die Straße wagen. Der Rasen ist auch noch nicht gemäht, aber hier geht ja alles den Bach runter. Du warst doch früher anders, aber heute ist mit dir nichts mehr los. Du bist ein Versager, ein Loser. Du solltest dich schämen."

Wenn dir jemand derartige Vorhaltungen machte, wie würdest du dich fühlen oder darüber denken?" Wärst du geknickt, enttäuscht, bedrückt oder niedergeschlagen? „Der hat's mir aber gegeben". Oder wärst du eher sauer und ärgerlich. „So etwas lasse ich mir nicht bieten! In so einem Ton sprichst du nicht mit mir!" Empfändest du es als empörend, und würdest du das Gesagte von dir weisen oder dich rechtfertigen?" Ich vermute, wir würden uns dagegen zur Wehr setzen.

Jetzt gibt es aber Situationen, in denen wir das gleiche sagen wie im oben genannten Beispiel, nur zu uns selbst. Wenn uns etwas nicht gelingt, wenn wir uns ungeschickt anstellen, wenn wir nachlässig waren, etwas vergessen haben oder etwas Wichtiges nicht wiederfinden, gehen wir dann nicht mit uns hart ins Gericht? „Wie kann man nur so blöd sein." „Was bin ich doch für ein Schussel." „Mit mir ist nichts mehr los." „Mann, seh' ich bescheuert aus." „Das verzeih' ich mir nie."

Manche Menschen neigen in besonderem Maße zu derartigen Selbstbeschuldigungen, Selbstabwertungen und Selbstvorwürfen. Wenn sie den eigenen Ansprüchen nicht gerecht werden, kippen sie einen Mülleimer über sich selbst aus. Im Rahmen der inneren Selbstgespräche gehen wir bisweilen nicht zimperlich mit uns um. Käme ein solches Verhalten von anderen, würden wir uns aufgebracht zur Wehr setzen, aber sich selbst gegenüber scheint das etwas Anderes zu sein. Warum eigentlich? Können wir uns selbst nicht die gleiche Achtung und Wertschätzung entgegenbringen? Das muss uns nicht hindern, Selbstkritik an den Tag zu legen. Wir können uns Fehler eingestehen und aus ihnen lernen. Es gibt aber keinen Grund, uns niederzumachen. Wir verlieren die Selbstachtung, und die Motivation sinkt. Wenn ich in Zukunft etwas verbessern möchte, muss ich mich nicht vorher als „Würstchen" oder „Niete" titulieren. Wenn wir aus irgendeinem Grund Schwierigkeiten haben, von der dritten Treppenstufe die vierte zu erreichen, dürfte es nicht sonderlich hilfreich sein, sich die Kellertreppe hinunterzustürzen. So ähnlich verhält man sich bei Selbstabwertungen.

Erkenntnis:

Auch wenn uns etwas nicht gelingt, wenn wir nicht unseren Ansprüchen oder denen anderer gerecht werden, sollten wir unsere Selbstachtung wahren. Wir können aus Fehlern lernen und sie korrigieren. Wir haben es nicht nötig, Mülltonnen über uns auszukippen. Dadurch werden wir nicht besser. Außerdem müssten wir zusätzlich erst den Dreck entfernen.

Hab ich Dir schon erzählt, ...

Die 17 Kamele

dass es manchmal Lösungen für Probleme gibt, die es gar nicht geben kann?

Zunächst eine kleine Geschichte:
Ein alter Beduine ist verstorben und hat seinen drei Söhnen folgendes Testament hinterlassen: Die Hinterlassenschaft besteht aus 17 Kamelen. Der Älteste soll die Hälfte der Erbschaft erhalten, der Mittlere ein Drittel und der Jüngste ein Neuntel.

Nun hatten die Söhne ein großes Problem. Sie überlegten und überlegten, kamen aber zu keinem Ergebnis, da sie ja die Kamele nicht zerteilen wollten. Als sie völlig verzweifelt vor ihrem Zelt saßen, kam ein kleiner Beduine auf seinem Kamel reitend daher. Es sah die Verzweiflung der Männer und fragte, ob er ihnen helfen könne. Sie schilderten ihr Problem, und der kleine Beduine sagte: „Macht euch keine Sorgen, das kriegen wir hin. Ich gebe euch mein Kamel, dann haben wir 18. Du, Ältester, erhältst dann 9 Kamele. Du, Mittlerer, bekommst 6, und dir, Jüngster, stehen 2 Kamele zu. Das macht zusammen 17 Kamele. Ein Kamel bleibt übrig, aber das ist ja sowieso meins." Er schwang sich auf sein Kamel, ritt davon und hinterließ 3 völlig verdutzte Brüder.

So stelle ich mir manchmal in meinen Träumen den idealen Psychotherapeuten vor. Aber Spaß beiseite. Als Ausgangspunkt haben wir hier ein nicht lösbares Problem. Der kleine Pfiffikus führte eine neue Größe ein, nämlich sein eigenes Kamel. Damit wird das Problem lösbar. Der Zusatzfaktor wird wieder entfernt, und alle sind zufrieden. So kann man natürlich nicht jede schwierige Situation lösen. Es wäre auch zu schön.

Andererseits gibt es auch in anderen Bereichen Ähnlichkeiten. Im Rahmen unserer Rechtsprechung wurde eine Größe eingeführt, die nicht bewiesen ist, mit der aber gearbeitet wird und das System von Taten, Verurteilung und Strafe praktikabel macht: die Willensfreiheit.

In der Geometrie gehen wir mit Flächen, Linien und Punkten um. Das System hat sich in der Praxis bewährt. Doch wir stoßen auf Merkwürdigkeiten. Eine Fläche können wir uns als eine unendliche Aneinanderreihung von Linien vorstellen. Eine Linie wäre demnach eine Aneinanderreihung von unendlich vielen Punkten; und ein Punkt ist ein Nichts! Er wird definiert als etwas, was keine Dimension hat. Er ist eine Fiktion. Es gibt eine ganze Reihe solcher Fiktionen. Der Philosoph *Hans Vaihinger* hat sie in seinem Buch „Die Philosophie des Als Ob" 1922 beschrieben.

Auch im Rahmen des Autogenen Trainings gibt es das Vorgehens des Als Ob. Mit den Formeln, die dabei Verwendung finden, drückt man aus, als ob der Arm schwer ist; als ob ein Wärmegefühl vorhanden ist. Dies reicht aus, einen vegetativen Vorgang einzuleiten, der genau die gewünschte Reaktion begünstigt.

Erkenntnis:

Es gibt Selbstverständlichkeiten, mit denen wir im Alltag ständig umgehen. Sehen wir genauer hin, entdecken wir Merkwürdigkeiten, Fiktionen und Unmöglichkeiten. Hier noch ein Beispiel aus der Mengenlehre: Wenn sich drei Personen in einem Raum aufhalten und fünf gehen hinaus, dann müssen zwei Personen wieder hineingehen, damit keiner mehr drinnen ist.

Hab ich Dir schon erzählt, ...

Symbole und Spruchweisheiten

dass Symbole oder Spruchweisheiten ungeahnte Wirkung haben können?

Wenn wir mit dem Auto unterwegs sind, nehmen wir viele Symbole oder Piktogramme wahr. Aber auch als Fußgänger in den Innenstädten, in Geschäften und Behörden werden wir mit Sinnbildern konfrontiert. Es handelt sich dabei um Abstraktionen, um einfache bildliche Darstellungen, die bestimmte Botschaften enthalten. Wir haben gelernt, diese Bildersprache zu verstehen. Wenn wir uns beim Autofahren einem Verkehrsschild nähern, das wie ein auf der Spitze stehendes Dreieck mit rotem Rand aussieht, dann heißt das für uns: Vorfahrt achten! Bevor wir ständig die Straßenverkehrsordnung aufgeschlagen auf dem Beifahrersitz zur Verfügung haben, um uns über jede mögliche Verkehrssituation zu informieren, dienen uns die Verkehrszeichen in ihrer Einfachheit dazu, in kürzester Zeit die damit verbundene Botschaft zu erkennen und entsprechend zu handeln.

Es gibt andere Formen der Vereinfachung. Denken wir an Sprichwörter. In Ihnen wird in knapper Form eine Lebensweisheit zum Ausdruck gebracht, wenn auch meist nur ein Aspekt in den Vordergrund gestellt wird. Des Weiteren kennen wir Sprüche, Aphorismen, Zitate aus dem Munde oder aus Werken berühmter Dichter und Denker.

Andere Symbolgehalte kennen wir aus dem Alltag. Die Farbe Rot wird mit der Liebe in Zusammenhang gebracht, ebenso die Rose. Mitunter gibt es Überschneidungen zum Aberglauben. Der Schornsteinfeger steht für Glück, genauso wie ein vierblättriges Kleeblatt. Entscheidend ist nicht der tatsächliche Wahrheitsgehalt, sondern unsere Einstellung und unser Glaube daran. So mag sich für einen Menschen ein bestimmter Symbolgehalt dadurch ergeben, dass er ein Kalenderblatt abreißt und feststellt, dass heute Freitag, der 13. ist. Die Kombination dieser zwei Daten bedeutet für ihn, dass heute kein guter Tag zu erwarten ist, und dass er eher mit Missgeschicken rechnen muss. Diese Einschätzung wird die Stimmung drücken und eine gewisse Erwartungsspannung zur Folge haben. Wir geben bestimmten Zeichen Deutungen und Be-deutungen. Je nachdem wie unsere Interpretation ausfällt, kann sich daraus für uns eine Erkenntnis, ein Aha-Erlebnis, eine Befürchtung, ein gutes oder schlechtes Omen, eine sachliche Botschaft, ein Motivationsschub oder eine Aktivitätsbremse ergeben. Wenn wir schon die Wirksamkeit solcher Sinnbilder oder Spruchweisheiten beobachten können, warum verwenden wir sie dann nicht hier und da auf konstruktive Weise?

Mancher wird Gefallen an einem Spruch wie diesem finden: „Es kommt nicht darauf an, mit dem Kopf durch die Wand zu gehen, sondern mit den Augen die Tür zu finden." Ein solcher Spruch auf dem Schreibtisch kann uns hin und wieder besinnlicher machen. Es gibt nicht die Weisheit für alle. Ich bin aber überzeugt, dass jeder etwas Passendes für sich und seine Situation finden kann. „Die schwierigste Turnübung ist immer noch, sich selbst auf den Arm zu nehmen." Ein solcher Spruch kann manchmal Wunder bewirken und „Hast du Angst vor einem Riesen, oder nur vor dem Schatten eines Zwerges" kann manches abmildern. Ein lächelnder Smiley, auf den Badezimmerspiegel geklebt, kann helfen, die morgendlichen Anlaufschwierigkeiten zu erleichtern. Eine Ansichtskarte aus dem Urlaub oder ein Andenken können uns genauso auf andere Gedanken bringen wie ein Kalenderspruch, ein Vers aus der Bibel oder ein Zitat („Es ist nicht wenig Zeit, die wir haben, sondern es ist viel Zeit, die wir nicht nutzen.")

Erkenntnis:

Symbole oder Sinnsprüche drücken in komprimierter Form Botschaften, Weisheiten oder geistreiche Anstöße aus. Bringen wir sie doch in einer für uns konstruktiven Art und Weise zur Anwendung. Sie können kleine Hilfestellungen im Alltag darstellen, auch wenn sie oftmals nur unser

Unterbewusstsein erreichen. Aber auch von dort können sie ihre Wirkung entfalten.

Hab ich Dir schon erzählt, ...

Eine Gruselgeschichte

dass man kein altes Schloss besichtigen muss, um sich zu gruseln?

Es war spät abends, als ich nach Hause kam. Ich wohnte damals in einem älteren kleinen Haus am Plöner See und hatte vorher einen befreundeten Kollegen besucht, der in einem Landeskrankenhaus tätig war. Nachdem ich die Haustür aufgeschlossen hatte, hörte ich merkwürdige Geräusche, die ich nicht einzuordnen wusste. Vorsichtig sah ich mich in den unteren Räumen um, entdeckte aber nichts Verdächtiges. Dann hatte ich den Eindruck, die Geräusche müssten von der oberen Etage kommen. Zunächst versuchte ich mir klar zu werden, was ich überhaupt vernahm. Es ist eine unzureichende Beschreibung, wenn ich von einem röhrenden, ächzenden Geräusch spreche, aber in dem Moment lief es mir auch schon kalt den Rücken hinunter. Was konnte sich hinter diesen Geräuschen verbergen? Die Instanz in meinem Kopf, die ich meine Sicherheitszentrale nenne, hatte bereits Alarm gegeben. Ob vielleicht ein großer Vogel durch das kleine obere Terrassenfenster geschlagen war und jetzt röchelnd auf dem Boden lag? Die Krönung meiner Befürchtungen war der Gedanke, ein Einbrecher habe sich beim Einstieg in das Haus verletzt, und liege nun da oben ächzend und stöhnend. Das ergab einen weiteren Adrenalinschub. Vorsichtig stieg ich die Treppe hinauf, traute mich aber zunächst nicht, die Tür zu dem kleinen Raum zu öffnen, aus dem ich die Geräusche zu hören glaubte. Ich ging zunächst wieder nach unten und bewaffnete mich mit einem Besenstiel. Der gab mir schließlich die nötige Sicherheit, die obere Tür zu öffnen. Kein großer Vogel, kein stöhnender Einbrecher. Ich hatte aber das Gefühl, dass das Geräusch von dem kleinen Hinterhof kam und begab mich wieder nach unten. Draußen angekommen, erkannte ich die Quelle meiner Angst. Unter einem Überstand befand sich der Öltank für die Hausheizung und die Ölpumpe. Aus irgendeinem Grund war diese defekt, sprang an, ging wieder aus, sprang an, ging wieder aus usw. und verursachte dabei dieses röhrende, stöhnende, ächzende Geräusch. Jetzt erst trat allmählich Erleichterung ein.

Sicherlich kennt der eine oder andere ähnliche Erlebnisse. Sie sind mit Sicherheit kein Beweis dafür, dass mit uns etwas nicht stimmt. Wir alle haben in uns eine Sicherheitsabteilung, und das ist gut so. Wir könnten sie auch unser Frühwarnsystem nennen. Diese Instanz verarbeitet in Bruchteilen von Sekunden die wahrgenommenen Reize und vergleicht sie zunächst grob mit vorhandenen Gefahrenschablonen. Geschwindigkeit geht hier vor Gründlichkeit. Ist die Suche erfolgreich, wird Alarm gegeben. Wir merken das im Gefühlsbereich durch Angst und auf der körperlichen Ebene durch Herzklopfen, innere Anspannung und einem mulmigen Gefühl in der Magengegend. Wir werden auf eine mögliche Flucht oder auf Verteidigung vorbereitet.

Unsere Vernunft ist natürlich auch in der Lage, Gefahren zu erkennen und einzuschätzen, nur sie braucht mehr Zeit, ist dafür aber gründlicher. Insofern arbeiten die beiden Abteilungen mit einer unterschiedlichen Logik. Das Frühwarnsystem arbeitet nach dem Prinzip: Lieber neunmal geirrt, als einmal etwas übersehen. Der Verstand hat das Prinzip: Das Ergebnis soll sachlich richtig sein, den Bedingungen angemessen, der Wirklichkeit entsprechend. Meistens bilden die beiden Abteilungen ein gutes Team und ergänzen sich gut. Manchmal stimmt im Frühwarnsystem die Feinabstimmung nicht. Das Ergebnis: Hinter jedem Grashalm lauert die Gefahr. In besonderen Fällen haben wir es dann mit einer Angststörung zu tun, die therapeutisch behandelt werden sollte.

Erkenntnis:

Manchmal kann es hilfreich sein, sich die Abläufe in unserem Gehirn anschaulich zu machen. Mancher neigt sonst dazu anzunehmen, mit seinem Körper stimme etwas nicht. Die Feuerwehr ist doch auch nicht fehlerhaft, wenn jemand einen Fehlalarm auslöst. Haben wir mehr Vertrauen zu unserem Körper, auch wenn die Feinabstimmung nicht immer passend ist. Aber auch daran könnte man arbeiten.

Hab ich Dir schon erzählt, ...

dass manche sich vorwerfen, kein Hellseher zu sein?

Nicht selten erlebe ich es in meiner Praxis aber auch im Bekanntenkreis, dass sich jemand erhebliche Selbstvorwürfe über falsche Entscheidungen macht, die zum Teil weit in die Vergangenheit zurückreichen. Man hätte vor Jahren das Arbeitsverhältnis nicht kündigen sollen. Dass man das Haus gekauft (verkauft) hat, sei ein Fehler gewesen. Den Urlaub hätte man anders planen sollen. Man bereut die Trennung vom damaligen Freund. Hätte man damals nur diese oder jene Zusatzausbildung gemacht. Wäre ich doch frühzeitig in die Firma meines Onkels eingestiegen. Wir hätten unsere Tochter studieren lassen sollen. Die Aktien, die ich vor sieben Jahren gekauft habe, sind eine reine Fehlinvestition. Warum habe ich damals nur (nicht) auf meinen Vater gehört. Wie konnte ich nur auf Horst-Rüdiger hereinfallen. Ich könnte mich heute noch ohrfeigen, weil ich vor Jahren den Job bei Firma Meyer ausgeschlagen habe.

Diese Beispiele mögen genügen. Irgendwie können wir die Personen, die solche Äußerungen machen, verstehen. Sie hatten offenbar mit ihren Entscheidungen Erwartungen verknüpft und Zukunftsperspektiven entwickelt. Inzwischen haben sich andere Entwicklungen ergeben, die nicht beabsichtigt waren. Daraus resultiert Enttäuschung und der Selbstvorwurf, warum man keine andere Entscheidung traf. Dann wäre alles anders gekommen.

Dafür könnten wir Verständnis aufbringen. Sehen wir uns aber die Hintergründe etwas genauer an, kommen wir zu einer anderen Betrachtungsweise. Ich wage zu behaupten, dass kaum jemand bei wichtigen Entscheidungen leichtfertig vorgeht. Wir stehen in einer bestimmten Lebenssituation. Diese ist verknüpft mit Bedürfnissen, Interessen, Ansichten, Maßstäben, Wissen, Fähigkeiten und Umwelteinflüssen. Unter

Berücksichtigung und Verrechnung dieser Faktoren fällen wir eine Entscheidung. Die Konsequenzen, die sich daraus ergeben, lassen sich nur zu einem geringen Teil vorhersehen. Wir machen Entwürfe. Denn die genannten Faktoren wie Bedürfnisse, Bewertungsmaßstäbe, Wissen, Fähigkeiten und Umwelteinflüsse sind Wandlungen unterworfen, die wir kaum alle im Voraus berechnen können. Daher kommt es zu Veränderungen, die nicht unseren Erwartungen, Zielsetzungen und Interessen entsprechen. Daraus entstehende Enttäuschung oder Frust ist verständlich. Für Selbstanklagen besteht allerdings kein Grund. Das würde ja bedeuten, dass ich all die Entwicklungen, die z.B. in den letzten fünf Jahren eingetreten sind, hätte schon damals vorhersehen können. Das ist eine Unmöglichkeit.

Es gibt einen zweiten Aspekt, den ich für wichtig halte. In den oben angestellten Betrachtungen geht stillschweigend eine Voraussetzung ein, die wir nicht außer Acht lassen dürfen. Es wird ohne Weiteres angenommen, dass eine andere Entscheidung als die tatsächliche, zum angestrebten Ziel, zum Erreichen der Bedürfnisse, zu einem glücklichen Zustand geführt hätte. Woher nehmen wir diese Annahme? Steht dahinter unser Wunschdenken? Einen Beleg dafür haben wir nicht. Das Einzige, was wir sagen können, ist: Es wäre *anders* gekommen. Aber besser? Wir wissen es nicht. Es ist unsere Konstruktion. Denn eine andere Entwicklung kann auch ein Mehr an Problemen, Schwierigkeiten und Enttäuschungen beinhalten. (Eine Familie hat vor Jahren eine bestimmte Wohnung bezogen. Jetzt gibt es erhebliche Nachbarschaftsstreitigkeiten „Wären wir hier bloß nicht eingezogen, dann wäre uns das alles erspart geblieben." Das mag stimmen, vielleicht. Der Sohn hätte wohnungsbedingt aber in eine andere Schule gehen müssen und wäre dort mit den Kameraden oder den Lehrkräften nicht klar gekommen. Wer will das wissen?) Auch solche Überlegungen sollten wir berücksichtigen.

Erkenntnis:

Klagen wir uns nicht für frühere Entscheidungen an. In der Rückschau haben wir immer ein Mehr an Informationen, die wir damals nicht haben konnten. Auch wenn sich Entwicklungen ergeben haben, die unseren Vorstellungen zuwiderlaufen; wer weiß, ob es nicht doch die erträglichste Alternative darstellt?

Hab ich Dir schon erzählt, ...

Chaos, Ananas und Goldener Schnitt

wie man in der Küche die Chaostheorie und im Garten den Schönheitscode der Natur entdecken kann?

Um Missverständnisse von Beginn an auszuräumen: Mit dem Chaos in der Küche ist nicht der Zustand nach einer Feier gemeint. Und der Schönheitscode im Garten bezieht sich hier nicht auf die sich sonnende Partnerin.

Es ist erst einmal wie so oft viel banaler. Halten wir zunächst eine volle Wasserflasche in einem entsprechenden Winkel über die Spüle, so wird Wasser in einem kleinen geordneten Strahl ausfließen. Verändern wir den Neigungswinkel, wird der Strahl dicker, aber immer noch einigermaßen geordnet bleiben. Stellen wir die Flasche auf den Kopf, entsteht ein chaotischer Zustand. Das Wasser fließt ungeordnet, begleitet von „gluck" und „blupp". Nichts Weltbewegendes, zumal wir meist viel Erfahrung damit haben, einen geordneten in einen ungeordneten Zustand zu überführen.

Spannender wird es aber in der Bratpfanne. Gießen wir etwas Öl hinein, so dass der Boden gerade bedeckt ist, und erhitzen wir die Pfanne, werden wir nach einiger Zeit ungeordnete Bewegungen des Öls beobachten können. Wenn sich das Öl weiter erhitzt, werden wir plötzlich entdecken, dass sich wabenförmige Muster bilden; sechseckige Strukturen. Es handelt sich dabei um eine pfiffige Ordnung mit einer Stabilität, wie wir sie aus einem Bienenstock kennen. Durch weitere Erhitzung löst sich dieses Muster wieder auf und geht in einen chaotischen Zustand über. Chaosforschung in der Bratpfanne! Bevor wir in den Garten schreiten, bleiben wir noch einen Moment in der Küche. Dort liegt ein wunderschönes Exemplar einer Ananas auf der Arbeitsplatte. Gewöhnlich interessieren uns die inneren Werte. Wir jedoch schauen auf die Schale. Bei näherer Betrachtung entdecken wir spiralförmige Buckel, die von links unten noch rechts oben verlaufen, aber auch in die umgekehrte Richtung. Würden wir die Reihen der Buckel zählen, kämen wir auf die Zahlen 8 und 13.

Die merken wir uns und betreten den Garten. Sehen wir ins Zentrum eines Gänseblümchens, entdecken wir ebenso Spiralen. Eine Zählung ergibt die Zahlen 21 und 34. Selbst wenn wir einen Pinienzapfen in die Hand nehmen, fallen uns Spiralen auf, und wir erhalten durch Abzählen 5 und 8. So erhalten wir eine Zahlenreihe von 5, 8, 13, 21 und 34. Hierbei fällt auf, dass die Summe zweier nebeneinander stehenden Zahlen die nachfolgende Zahl ergibt. Um es abzukürzen; wir haben hier die sogenannten Fibonacci-Zahlen neu entdeckt.

Um den Schönheitscode zu finden, müssen wir noch einen Schritt weiter gehen. Wenn wir zwei nebeneinander stehende Zahlen teilen, also 8 : 5 oder 34 : 21 nähern wir uns dem Wert von 1,618. Diese Verhältniszahl nennt man den Goldenen Schnitt. Ich nenne ihn den Schönheitscode, der in vielfältiger Hinsicht in der Kunst, in der Architektur, bei Normierungen und selbstverständlich in den Natur vorkommt. Damit wird z.B. das Seitenverhältnis von Breite und Höhe bei griechischen Tempeln beschrieben wie auch beim DIN A4 Blatt.

So haben wir uns von der Wasserflasche über die Bratpfanne und die Ananas zu verborgenen Wundern in der Natur vorgearbeitet.

Erkenntnis:

In schwierigen Situationen wünschen wir uns manchmal Wunder. Das ist verständlich. Andererseits sind wir in unserer unmittelbaren Umgebung von vielen Wundern umgeben, die wir gar nicht wahrnehmen. In der Natur sind viele Geheimnisse verborgen. Spüren wir ihnen doch einmal nach, um zu staunen und uns zu wundern.

Hab ich Dir schon erzählt, ...

dass man nicht ständig in den Rückspiegel sehen sollte?

Wenn wir mit dem Auto unterwegs sind, wird unsere Aufmerksamkeit in erster Linie auf die Ereignisse gelenkt sein, die unmittelbar vor uns liegen. Die Stoßstange oder die Bremslichter des vor uns fahrenden Wagens, die Fahrbahnbeschaffenheit und Markierungen sowie bestimmte Verkehrszeichen werden im Brennpunkt unserer Wahrnehmung stehen. Hin und wieder erweist es sich als vorteilhaft, in den Rückspiegel zu sehen. Bevor wir den Überholvorgang einleiten, wenn sich von hinten ein Krankenwagen mit Blaulicht nähert oder beim Rückwärtsfahren, dürfte der Blick in den Rückspiegel sinnvoll und hilfreich sein.

Nun gibt es allerdings Menschen, die bei ihrer „Fahrt durchs Leben" vorwiegend in den Rückspiegel schauen. Der Blick ist selten auf die Gegenwart gerichtet, sondern geht zurück in die nähere oder weitere Vergangenheit.

Bei älteren Menschen können wir das häufiger beobachten. Das Kurzzeitgedächtnis erleidet zunehmend Einbußen. Von daher bekommt das Langzeitgedächtnis ein Übergewicht. Außerdem bietet die Gegenwart immer weniger Anreize, der soziale Rahmen wird enger und die Zukunft wird kürzer. Von daher ist es verständlich, dass Erinnerungen an Vergangenes eine größere Bedeutung erlangen und zu einem größeren Wohlbefinden beitragen können.

Es gibt aber auch andere Personen, die Schwierigkeiten damit haben, die Vergangenheit loszulassen. Sie träumen häufig von den guten alten Zeiten, von der ersten Liebe, von früheren besseren Lebensbedingungen. Das muss nicht grundsätzlich falsch sein. Solche Erinnerungen haben wir fast alle. Es ist aber eine Frage der Ausprägung. Wenn die Gegenwart als sehr belastend erlebt wird, kann es eine Erleichterung darstellen, sich in Vergangenes zu flüchten.

Es kann aber auch sein, dass manche keinen Abstand zu Negativem aus der Vergangenheit finden können. Man holt immer wieder Ungerechtigkeiten hoch, Missgeschicke, die einem früher passiert sind, Fehlentscheidungen, die man getroffen hat oder Schuld, die man der eigenen Überzeugung nach auf sich geladen hat. Wie eine Langspielplatte, die einen Sprung hat, laufen immer wieder die gleichen Gedankengänge ab. Diese Personen legen quasi ständig die gleichen Video-Kassetten ein, haben die gleichen Filme vor Augen und reagieren jedes Mal mit unangenehmen Emotionen. Offenbar sucht jemand nach Lösungen, findet aber keine. Und selbst wenn er sie hätte, würde es ihm nichts nützen, denn die Vergangenheit lässt sich nicht korrigieren. Es ist wichtig, sich mit Früherem zu versöhnen und zu einem Abschluss zu kommen.

Bei anderen Personen werden die Gedanken und inneren Bilder von der Zukunft beherrscht. Sie malen sich ständig aus, was alles geschehen könnte. Wie es wäre, wenn dieses oder jenes Ereignis einträte, oder welche Dramen außerdem zu erwarten sind. Ob der Lebensstandard in 10 Jahren noch der gleiche sein wird, wie es für den Sohn später beruflich aussehen wird, obwohl dieser erst eingeschult wurde, ob die Rente in 20 Jahren noch ausreicht, oder ob uns die Finanzkrise bis dahin sowieso ins Chaos gestürzt hat.

Auch die Beschäftigung mit der Zukunft macht Sinn. Wir planen, treffen Vorsorge, malen uns Ziele aus, die wir erreichen möchten. Wenn aber Zukünftiges nur angstvoll erscheint und wir glauben, durch ständiges Vor-Augen-Halten könnten wir Einfluss nehmen, gehen wir gefühlsmäßig durch viele Katastrophen, die wahrscheinlich in dieser Form nie eintreten werden.

Erkenntnis:

Hin und wieder ist ein Blick in den Rückspiegel sinnvoll und hilfreich. Nicht nur beim Autofahren sondern auch im Leben ist eine Betrachtung von Vergangenem durchaus angemessen. Wir sollten uns aber vor Augen halten: „Das Vergangene ist vorbei. Vielleicht kann ich daraus etwas lernen. Das Leben spielt sich aber in der Gegenwart ab, und die Zukunft ist nur eine Konstruktion. Bleiben wir nicht in der Vergangenheit hängen, sonst leben wir ohne Gegenwart."

Hab ich Dir schon erzählt, …

Verantwortlichkeit beim Essen

dass Verantwortlichkeit manchmal eine knifflige Angelegenheit ist?

Im Laufe meiner Beobachtungen ist mir aufgefallen, dass die Aussagen „Ich habe eine bestimmte Verantwortung", „Ich fühle mich verantwortlich" und „Jemand schreibt mir eine Verantwortung zu" in unterschiedlichen Kombinationen zum Tragen kommen. Dadurch können Überheblichkeit, Schuldgefühle, Ärger, Meinungsverschiedenheiten, Missverständnisse und andere ungute Auswirkungen entstehen.

Vor einiger Zeit erzählte eine Patientin folgende Begebenheit: „Ich bin neu in der Firma. Ich komme noch nicht mit dem firmeneigenen Computerprogramm klar und dachte, es sei besser, wenn ich jemanden frage, als wenn ich stundenlang versuche, mich mit Einzelheiten vertraut zu machen. Bisher wandte ich mich an eine Kollegin, und die erwies sich auch immer als hilfsbereit. Während ihrer Urlaubszeit sprach ich eine andere Kollegin an. Diese reagierte sehr ungehalten. Sie habe keine Zeit dafür; das müsse ich mir schon selber aneignen, im Übrigen sei das Kinderkram. Da fühlte ich mich ganz schlecht und dachte: diese Kollegin hätte ich lieber nicht ansprechen sollen." Bei näherer Betrachtung stellten wir fest, dass die Patientin die Verantwortung für die genervte Reaktion dieser Kollegin übernahm („Ich bin verantwortlich, und ich fühle mich verantwortlich, obwohl ich die Verantwortung nicht habe.").

Ein anderes Beispiel, das wahrscheinlich schon viele von uns in abgewandelter Form erlebt haben, ist folgendes: Ich bin bei Ehepaar Koslowski zum Essen eingeladen. Es sind noch andere Gäste anwesend, und Frau Koslowski, das Geburtstagskind, ist eine ausgezeichnete Köchin. Ich habe daher mehr gegessen als gewöhnlich, es hat vorzüglich geschmeckt, und ich fühle mich rundum satt und zufrieden. Dann tritt plötzlich die Gastgeberin an mich heran: „Herr Könnig, hier sind noch drei Kartoffeln. Die gehen doch noch rein, oder?" Nein, sie gehen nicht mehr rein.

Ich möchte mich nicht vollstopfen. Außerdem ist der Reservebereich in meinem Magen für den Nachtisch (Eis) reserviert. Ich sage also: „Es war alles ganz ausgezeichnet, wunderbar, und jetzt bin ich satt und zufrieden." „Aber die drei Kartöffelchen! Dafür ist doch immer Platz." „Nein danke, es war vorzüglich, und sie wissen ja, wenn es gut schmeckt, soll...." „Na gut! Dann werde ich sie wohl wegwerfen müssen", und sie entschwindet in Richtung Küche. Dabei nehme ich noch wahr, dass mir Frau Schlomski, eine ältere Dame, einen verächtlichen Blick zuwirft. Eigentlich müsste ich mich jetzt schlecht fühlen. Was habe ich da angerichtet? Die Stimmung ist gekippt, bei Frau Koslowski bin ich auf der Sympathieskala nach unten gerutscht, und wie und ob ich das mit Frau Schlomski ins Reine bringen kann, weiß ich nicht. Auf jeden Fall bin ich wahrscheinlich ein ungehobelter Mensch, ein Egoist, der nicht bereit ist, jemandem einen winzigen Gefallen zu tun. Ich hatte natürlich noch eine winzige Chance, der negativen Entwicklung eine Wendung zu geben. „Frau Koslowski, halt! Ich hab's mir überlegt. Könnte ich zu den Kartoffeln auch noch etwas von dieser ausgezeichneten Soße haben?" „Na sehen sie, es geht doch", und ein Lächeln wäre mir gewiss.

Ich habe nichts gesagt. Warum sollte ich eine Verantwortung übernehmen, die ich nicht habe?

Die Gastgeberin hat mir ein Angebot gemacht, ich habe dankend abgelehnt. Jetzt erweist sich aber das Angebot als Forderung. „Wenn du es nicht annimmst, bin ich beleidigt." Dieser Hintergrund liegt aber im Verantwortungsbereich der Gastgeberin. Die Entscheidung, wann etwas genug ist, muss und darf ich selber treffen. Es ist zwar bedauerlich, wenn jemand das nicht akzeptieren kann und deshalb schlechte Laune entsteht. Für ein Schuldgefühl meinerseits besteht aber keine Veranlassung.

Erkenntnis:

Manchmal erkennen wir eine Verantwortung nicht, obwohl wir sie haben. Manchmal fühlen wir uns schuldig, obwohl wir die Verantwortung nicht haben. Manchmal werden wir verantwortlich gemacht für etwas, was nicht in unseren Verantwortungsbereich fällt. Um unangemessene Schuldgefühle zu vermeiden, sollten wir versuchen, eine klarere Abgrenzung der unterschiedlichen Bereiche vorzunehmen.

dass ein Mensch im Laufe seines Lebens ungefähr 292 000 000 Liter Luft einatmet?

Von klein auf lernen wir. Wir eignen uns Wissen an, damit wir angemessener und konstruktiver mit unseren Umweltbedingungen zurechtkommen. Dabei kann es sich um unseren lebenspraktischen Alltag, um berufliche Tätigkeiten, um den Umgang mit Familie und Kindern oder um soziale Kompetenzen handeln. Wissen kann uns ein Gefühl von Sicherheit geben; es führt aber auch zu angenehmen Gefühlen, weil unsere Neugier befriedigt wird. Es gibt aber noch ein anderes Wissen:

Wusstest du schon,

dass alle Hühner dieser Erde pro Jahr ca. 400 000 000 000 Eier legen?

dass das Königreich Tonga einmal eine Briefmarke in Bananenform heraus gab?

dass eine Sonntagsausgabe der >New York Times< 63 000 Bäume verbraucht?

dass die Oberfläche der Lunge der Größe eines Tennisplatzes entspricht?

dass sich auf einem Big Mac von Mac Donalds ca. 178 Sesamkörnchen befinden?

dass der Buckingham Palast 602 Räume hat?

dass ein durchschnittlicher Mensch im Laufe seines Lebens ca. 160 000 km zurücklegt?

dass die 1. Bibelausgabe in der Sprache der Eskimos 1744 in Kopenhagen gedruckt wurde?

dass die Nationalhymne von Griechenland 158 Strophen umfasst?
dass die Amerikaner pro Tag ca. 73.000 Quadratmeter Pizza essen?
dass während eines 75-jährigen Lebens 30 Tonnen Nahrung und 50.000 Liter Flüssigkeiten durch den Darm wandern?
dass weltweit pro Sekunde ca. 2.700 Fotos geschossen werden?
dass das Herz eines Blauwals in etwa so groß ist wie ein VW-Käfer?
dass es für die ersten vier Züge beim Schach 318 979 564 000 Möglichkeiten gibt?
dass das Jahr 11 v.Chr. das letzte Jahr war, in dem es einen 30. Februar gab?
dass Regentropfen durchschnittlich mit einer Geschwindigkeit von 22 h/km vom Himmel fallen?
dass Bienen rund 2 000 000 Blüten anfliegen müssen, um 1 Pfund Honig zu produzieren?
dass Argentinien „Das Silberland" heißt?
dass die Weibchen des Großen Zwerglemuren auf Madagaskar nur Drillinge gebären?
dass der kürzeste burmesische Familienname >H< ist?

Erkenntnis:

Nach dieser Wissensorgie werden wir uns nicht gleich als Genie fühlen. Wie bisher kommen wir auch ohne dieses Wissen durch unseren Alltag. Und dennoch! Solche Informationen können Spannung, Amüsement, Interesse, Neugier und Nachdenklichkeit auslösen. Insofern macht auch „sinnloses Wissen" Sinn.

Hab ich Dir schon erzählt, ...

Der schlimmste Fall

dass man immer den schlimmsten Fall annehmen sollte, oder?

Was würdest Du über mich denken, wenn ich Dir folgendes verrate: „Ich bin ein Mensch, der immer den besten, den günstigsten Fall annimmt. Wenn ich einen Lottoschein abgebe, gehe ich anschließend zum Autohändler und bestelle einen Porsche. Oder ich wende mich an einen Immobilienmakler, um mich über ein neues Anwesen zu informieren. Vielleicht buche ich im Reisebüro eine Kreuzfahrt. Schließlich kann ich davon ausgehen, dass in einigen Tagen mein Konto überquillt. Sollte ich mich um eine neue berufliche Tätigkeit bemühen, schicke ich nur eine Bewerbung ab, da ich ja sicher sein kann, dass ich die Stelle bekomme. Wenn ich ein Spielcasino aufsuche, stelle ich vorher den Sekt kalt. Meine gesamten Versicherungen habe ich gekündigt. Es wird schon alles gut gehen."

Im günstigsten Fall denkst du, ich sei naiv und leichtsinnig; oder Du hältst mich für einen abgedrehten Spinner, typisch Psycho.

Szenenwechsel. Was würdest Du über mich denken, wenn ich Dir folgendes verrate: „Ich bin ein Mensch, der immer den schlimmsten Fall annimmt. Wenn mein Auto nicht anspringt, denke ich gleich, dass ich es verschrotten muss. Habe ich Magenbeschwerden, ist mir klar, dass ich an einem Magengeschwür leide, obwohl ich erst in der letzten Woche beim Arzt war. Im Umgang mit anderen Menschen weiß ich, dass ich mich nur blamieren kann und die anderen schlecht über mich denken. Eine Verabredung mit einer Frau treffe ich erst gar nicht, da vorher schon feststeht, dass sie mich nicht wiedersehen will. Wenn andere mir freundlich begegnen, frage ich mich, was die damit bezwecken. Irgendein Haken steckt doch immer dahinter, also bin ich auf der Hut. Wenn ich essen gehe, kann ich davon ausgehen, dass die Suppe kalt und das Schnitzel zäh ist. Wenn ich mich um eine neue berufliche Tätigkeit kümmern muss, weiß ich schon vor dem ersten Bewerbungsschreiben, dass ich keine Chancen habe. Beim Kauf von Elektroartikeln beschleicht mich schon vorher ein ungutes Gefühl. Wahrscheinlich ist mein Gerät defekt, und ich muss es umtauschen."

Denkst Du jetzt, das sei sehr naiv und völlig überzogen, oder meinst Du, so ganz abwegig ist das nicht? Ich habe die Beobachtung gemacht, dass eine Reihe von Personen eine Unterscheidung macht zwischen den guten und den schlechten Ereignissen. Die positiven treten natürlich nicht ein; bei den negativen muss man schon eher damit rechnen. Wenn wir an Alltagsereignisse denken, so sind die Schicksalsschläge aber eher die Ausnahme. Es ist nicht alles gleich wahrscheinlich. Wenn in hundert Fällen zehnmal etwas gravierend anders verläuft als erwartet, und wir würden immer mit dem Schlimmsten rechnen, hätten wir uns neunzigmal umsonst in Aufregung und Spannung versetzt, um uns zehnmal vor einer Enttäuschung zu bewahren. Die Rechnung geht irgendwie nicht auf. Ich habe den Eindruck gewonnen, dass Menschen mit dem Leitmotiv „rechne immer mit dem Schlimmsten" zum einen mit Risiko und Wahrscheinlichkeit auf Kriegsfuß stehen, zum anderen Angst vor Enttäuschung haben, da sie glauben, diese nicht ertragen zu können. Also nehmen sie das Unangenehme gedanklich vorweg, in der Hoffnung, es sei erträglicher, wenn dann das Ereignis tatsächlich eintritt. Der Überraschungseffekt soll damit abgemildert werden. Das klingt nachvollziehbar. Der Haken ist nur, dass die meisten dieser unangenehmen Ereignisse gar nicht eintreten. Jemand hat das einmal so ausgedrückt: „Die Katastrophenfilme, die vorher in meinem Kopf ablaufen, sind in der Regel viel schlimmer als die Realität, mit der ich später konfrontiert werde."

Erkenntnis:

Es gibt sicherlich Projekte, bei denen es sinnvoll ist, sich viele mögliche Konsequenzen zu überlegen, auch unangenehme, um für Eventualitäten besser vorbereitet zu sein. Das Konzept: „Nimm immer das Schlimmste an, dann kannst du nicht enttäuscht werden" ist nicht nur völlig einseitig und übertrieben, es versetzt uns viel zu oft in Anspannung, Ängstlichkeit und Unruhe. Stiftung Warentest würde raten: Für unsere Lebenszufriedenheit nicht empfehlenswert.

Hab ich Dir schon erzählt, ...

Wie werde ich unglücklich

wie man sich das Leben schwer machen kann?

Man könnte ja einmal den Spieß umdrehen. Was müssen wir tun, wie müssen wir vorgehen, damit es uns schlechter geht? Was kann man von einem Tag schon erwarten, der mit dem Aufstehen beginnt? Solltest du es irgendwie geschafft haben, dich aus dem Bett zu quälen, halte erst einmal vor dem Badezimmerspiegel inne. Gib dich nicht mit Oberflächlichkeiten ab. Zähle die Gesichtsfalten und die Ringe unter den Augen. Mache dir klar, wie schlecht du aussiehst. Du wirkst viel älter als du bist. Vielleicht erkennst du jetzt, warum die Nachbarn nicht mehr grüßen und sogar die Hunde dich nicht mehr anbellen. Versuche dir vorzustellen, welche Unannehmlichkeiten und Probleme heute auf dich zukommen werden. Solltest du es fertiggebracht haben, nach zwei Tassen Kaffee, der natürlich bitter schmeckt, deinen Wagen zu besteigen, mache dir bei jeder roten Ampel klar, dass das Schicksal keine Gelegenheit auslässt, dir Knüppel zwischen die Beine zu werfen und dir Hindernisse in den Weg zu legen, wo es nur geht. Du standest schon immer auf der Verliererseite, und das wird sich in Zukunft auch nicht ändern.

Solltest du am Arbeitsplatz Kollegen begegnen, die dir ein freundliches „Guten Morgen" zurufen, dann falle nicht darauf herein. Du weißt, dass das nur eine Fassade ist. Im Grunde genommen verachten sie dich und sind hinterhältig. Fange nicht mit deinen beruflichen Aufgaben an. Nutze lieber die Zeit, dir bewusst zu machen, welch armseliges Leben du führst. So hast du wenigstens am Ende des Arbeitstages die Gewissheit, nichts Konstruktives geschafft zu haben. Du weißt, dass es so nicht mehr lange gut gehen wird. Es ist nur eine Frage der Zeit, bis die Bombe platzt. Die Kündigung rückt immer näher. Mache dir klar, was du deiner Frau und den Kindern antust. Kein Wunder, dass du schon längst ihre

Achtung verloren hast. Dass Horst-Rüdiger in der letzten Klassenarbeit eine Fünf geschrieben hat, sollte Grund genug sein, das Abitur abzuschreiben. Sein berufliches und soziales Elend ist doch vorgezeichnet. Kein Wunder bei dem Vater, der in naher Zukunft unter den Weserbrücken herumlungern wird.

Auf dem Rückweg nach Hause mache dir klar, was dich dort erwartet. Wenn deine Frau dir einen Begrüßungskuss geben will, trau dem Frieden nicht. Mit dieser Herzlichkeit will sie doch nur etwas verbergen. Hole dir ins Gedächtnis, dass sie in den letzten Wochen schon zweimal sehr positiv über den neuen Nachbarn gesprochen hat. Dir kann man nichts vormachen. Wahrscheinlich wird sie dich anschließend wieder mit Vorwürfen überhäufen. Sollte sie dich mit einem schönen Essen überraschen, sei wachsam. Male dir aus, wie viel Geld sie wieder dafür ausgegeben hat, und was sie sonst noch bei der Gelegenheit verprasst hat. Ist dir bewusst, dass keiner auf dich Rücksicht nimmt? Die Kinder wollen dir etwas erzählen, deine Frau möchte mit dir reden. Alle trampeln nur auf deinen Nerven herum. Der Fernseher läuft, und ein Freund ruft an. Du hast es immer gewusst. Die Welt besteht nur aus Egoisten. Die Tagesschau gibt dir den Rest, und der Spielfilm, der dann läuft, wurde von deiner Frau und den Kindern ausgesucht. Während die sich amüsieren, mache dir klar, wie oberflächlich es in der Welt zugeht, und dass du nichts zu lachen hast.

Solltest du später irgendwann im Bett liegen, dann nimm die Gelegenheit wahr, den Tag in allen Einzelheiten noch einmal an dir vorüberziehen zu lassen. Werde dir der vielen Gemeinheiten und Ungerechtigkeiten durch andere bewusst. Male dir aus, was alles nicht so geklappt hat, wie du es dir vorgestellt hast. Spüre noch einmal dem Ärger, der Hilflosigkeit, der Enttäuschung und der Bedrücktheit nach, und mache dir klar, dass du das alles morgen wieder erleben wirst, es sei denn, es kommt noch schlimmer. Letztendlich halte dir vor Augen, dass du jetzt nur noch drei Stunden zum Schlafen zur Verfügung hast; dass du dich morgen wieder wie gerädert fühlen wirst und dass das ganze Elend wieder von vorne beginnt.

Erkenntnis:

Die oben gestellte Frage ist damit einigermaßen beantwortet. Ich bin aber überzeugt, jeder weiß im Endeffekt auch, was er tun kann, um sich besser zu fühlen.

Hab ich Dir schon erzählt, ...

　　　　　　　　　Der Salzstreuer und die Elefanten

dass Salzstreuer nichts mit Elefanten zu tun haben? Oder doch?

Manchmal ist es schon merkwürdig. Wir haben eine Meinung, eine Auffassung von einer Sache oder glauben etwas genau zu wissen. Dann kommt jemand und belehrt uns eines Besseren. Oder wir lesen etwas in einer Zeitung, hören etwas im Fernsehen, werden nachdenklich, und müssen einsehen, dass wir bisher falsch gelegen haben. Mit Selbstkritik und Einsicht werden wir unsere bisherige Überzeugung gegenüber einer „richtigeren" Wahrheit angleichen. Vielleicht haben wir das „Wissen", dass Pluto ein Planet ist. Dann kommt jemand und erklärt uns, dass das bis zum Jahre 2006 seine Richtigkeit hatte. In diesem Jahr wurde der Begriff „Planet" neu definiert und Pluto hatte das Nachsehen. Wir werden uns diesem neuen Wissen anschließen.

Es gibt aber Ausnahmen:

Ein Mann läuft durch einen Park, hält einen Salzstreuer in der rechten Hand und macht mit dem Arm ausladende Bewegungen, als wolle er den Rasen mit Salz düngen. Ein anderer Spaziergänger hat das beobachtet und – neugierig geworden – spricht ihn an: „Was machen sie da eigentlich? Wozu soll das gut sein?" „Das vertreibt Elefanten", ist die Antwort. „Aber hier gibt es doch gar keine Elefanten", entgegnet der irritierte Spaziergänger. „Da können sie mal sehen, wie toll das wirkt", meint der erste und streut weiter.

Die Pointe dieses Witzes ergibt sich aus dem Umstand, dass ein merkwürdiges Verhalten (Salz streuen) mit einer anderen Wirklichkeit konfrontiert wird (es gibt hier keine Elefanten), und normalerweise eine Korrektur erfolgen müsste (Oh, dann habe ich mich wohl geirrt). Überraschenderweise wird die neue Aussage in das eigene System übernommen, und das gezeigte Verhalten erfährt eine Sinnhaftigkeit (das beweist, wie gut das wirkt).

Jetzt könnten wir uns zufrieden zurücklehnen, da wir den Witz so scharfsinnig analysiert haben. Wir werden bei genauer Beobachtung im Alltag feststellen, dass solche Muster auch in anderen Situationen vorkommen, und da ist es dann nicht mehr witzig.

Ein depressiver Mensch hat sich von anderen zurückgezogen, ist inaktiv, kann sich zu nichts aufraffen und grübelt die meiste Zeit über Vergangenes, Zukünftiges und negative Erlebnisse. Er hat kein gutes Selbstbild und steht anderen misstrauisch gegenüber. Nun tauchen zwei Freunde auf, die ihn aufmuntern möchten, die eine Einladung zum Geburtstag mitbringen und ihm gegenüber äußern, dass er doch ein toller und gern gesehener Kerl sei. Wenn jetzt die Reaktion erfolgt: „Ach, das sagt ihr doch nur so", dann sind wir bei dem oben genannten Salzstreuer. Unsere niedergeschlagene Person hat eine bestimmte Einstellung zu Freunden und Bekannten („Die mögen mich nicht. Ich bin denen nur lästig") Kommt jetzt eine neue Realität ins Spiel („Doch, wir mögen dich. Du bist willkommen"), dann wird der Wahrheitsgehalt in Abrede gestellt („Das meint ihr doch nicht ernst") und die ursprüngliche Auffassung („Keiner mag mich") mit all ihren Konsequenzen (Ich ziehe mich zurück) findet eine Bestätigung, und alles bleibt wie es war.

Im Rahmen von Vorurteilen finden wir häufiger solche Mechanismen. Wir haben uns eine Meinung gebildet. Gibt es jetzt eine Information, die unserer Ansicht zu widersprechen scheint, holen wir eine Begründung aus dem Ärmel, die es uns ermöglicht, unsere vorgefasste Meinung aufrecht zu erhalten (Da kannst du mal sehen, wie verlogen der andere ist. Da sieht man, wie der sich verstellen kann usw.) Bisweilen sind wir eher bestrebt, eine Überzeugung mit allen Mitteln zu verteidigen, als eine unbequeme Korrektur vorzunehmen.

Erkenntnis:

Wie sagte schon Einstein: „Es ist leichter, ein Atom zu zertrümmern, als ein Vorurteil".

Hab ich Dir schon erzählt, ...

dass Zeitreisen möglich sind?

Um es gleich klarzustellen: Ich habe nicht die Weltformel gefunden. Ich habe auch keine selbst gebastelte Zeitmaschine im Gartenhäuschen, mit der man durch Wurmlöcher oder rotierende Schwarze Löcher in die Vergangenheit düsen kann. Und doch bin ich überzeugt, dass wir hin und wieder Zeitreisen durchführen.

Was tun wir, wenn wir ein Fotoalbum aus dem Regal nehmen und es aufschlagen? Wir tauchen in der Regel ab in die Vergangenheit. Sofern wir selbst bei der Aufnahme beteiligt waren, werden wir mehr wahrnehmen, als auf der Fotografie zu sehen ist. Es taucht die Gesamtsituation auf, die Atmosphäre, das Wetter, die Stimmung. Ähnliche Gefühle wie damals regen sich wieder. Kleine innere Filme laufen ab. Meistens werden Fotos von angenehmen Situationen gemacht, an die man sich später gerne erinnern möchte. Dabei finden aber auch Begegnungen statt mit Personen, von denen wir schon Abschied genommen haben. In unserer Erinnerung erwachen sie zu vertrautem Leben. Wir sehen, wie sie sich bewegt haben, hören ihre Stimme, erkennen ihre Eigenarten. Bisweilen reagieren wir mit einer Mischung aus Wehmut und Freude.

Im letzten Sommer waren Soli (meine Partnerin) und ich auf Urlaubsreise an die Ostsee. Um uns Verkehrsstress zu ersparen, legten wir einen Zwischenstopp in einer Kleinstadt ein. Vor der Weiterfahrt am nächsten Morgen machte ich einen Umweg zu einem kleinen Dörfchen. Schließlich hatte hier mein Großvater gelebt, und ich wusste nur, dass meine Mutter vor vielen Jahren das baufällige Haus und das Grundstück verkauft hatte. Seit der Zeit war ich nicht mehr dort gewesen. Jetzt war von dem Haus nichts mehr zu sehen. Stattdessen befand sich dort ein großes Gebäude, das der Feuerwehr als Unterstand für drei Löschfahrzeuge diente. Der frühere Garten war zu einer parkähnlichen Grünfläche umgestaltet worden. Für einige Sekunden lief ein Film aus der Vergangenheit ab. Ich sah meine Großeltern, ich sah mich als Kind; Szenen aus früheren Zeiten. Mir wurde bewusst, wie umständlich ein Besuch bei den Großeltern war. Eine Entfernung, die man heute mit dem Auto in eineinhalb Stunden zurücklegen kann, war damals eine Tagesreise, mit dem Bus, mit der Bahn und 4 km zu Fuß. Es war ein Film im Schnelldurchgang. Sekunden später war ich wieder in der Gegenwart, und wir setzen unsere Fahrt fort.

Es gibt noch andere Formen von Zeitreisen. Wer kann sich nicht an abendliche Spaziergänge im November bei sternklarem Himmel erinnern. Manchmal bleiben wir stehen, sehen nach oben und freuen uns, wenn wir den Polarstern ausmachen können oder den großen Wagen, den Orion und das Sternbild Kassiopeia, das W, entdecken. Sind wir uns in dem Moment eigentlich bewusst, dass wir gerade eine Zeitreise durchführen? Das, was wir am Himmel sehen, ist ein Bild aus der Vergangenheit. Dadurch, dass das Licht unvorstellbare Entfernungen zurücklegen muss, sehen wir einen Zustand, der teilweise Hunderte oder Tausende Jahre alt ist. Selbst wenn die Sonne aus irgendeinem Grunde ihr Licht ausknipsen würde, dauerte es acht Minuten, bis wir es wahrnehmen könnten.

Erkenntnis:

Solange die Astrophysiker zumindest theoretisch über die Möglichkeit von Zeitreisen nachdenken, haben wir hin und wieder die Gelegenheit, unsere ganz persönliche Zeitreise zu erleben. Nutzen wir sie, denn unsere Vergangenheit ist ein Teil von uns. Wichtig ist nur, dass wir die Rückreise in die Gegenwart nicht verpassen.

Hab ich Dir schon erzählt, ...

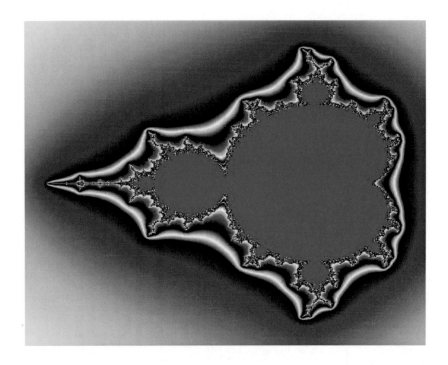

Perfektion

wie man einen perfekten Brief schreibt (und es doch nicht schafft)?

Ich kann mich noch gut an eine Patientin erinnern, die seit längerer Zeit arbeitsunfähig krank geschrieben war. Auf der Suche nach Perfektion war sie schließlich zu einem psychischen Wrack geworden. Der Anspruch, innerhalb ihrer Bürotätigkeit immer perfekte Briefe zu schreiben, möge als Beispiel dienen. Nachdem sie längere Zeit damit zugebracht hatte, den Text zu Papier zu bringen, fand die erste Überprüfung hinsichtlich der Rechtschreibung statt. In Zweifelsfällen half der Duden weiter. Die zweite Kontrolle bezog sich auf die Zeichensetzung, die dritte auf die Grammatik. Die Prüfung des Stils erwies sich schon als weitaus schwieriger, da ein eindeutiger Maßstab nicht vorhanden war, und sie oft überlegte, ob es nicht doch noch eine weitaus bessere Formulierung gab. Problematisch wurde dann die Anordnung auf dem Papier. Wo ist der perfekte Platz für den Absender, für die Adresse, für das Datum? Welchen Schrifttyp sollte sie wählen? Welche Papierqualität erwies sich als die optimale? Wenn sie nach langer Zeit unter großer Anstrengung und mit vielen Selbstzweifeln schließlich das Gefühl hatte, einen halbwegs perfekten Brief erstellt zu haben, so erwies er sich doch nicht als perfekt. Sie hatte einen Faktor übersehen: die Zeit, die sie investiert hatte, und damit die Wirtschaftlichkeit. Außerdem hatte sie die Suche nach extremer Gründlichkeit mit einer Unmenge an Stressfaktoren bezahlen müssen.

Nun mag jemand einwenden, dass das eben geschilderte Beispiel sehr extrem sei. Vielleicht. Es gibt aber vielfältige Formen, bei denen sich der Hang zur Perfektion bemerkbar macht.

Da gibt es zum Beispiel die Hausfrau, die sich jedesmal in Aufregung und Anspannung versetzt, wenn Gäste eingeladen wurden. Schon Tage vorher wird die Wohnung gereinigt, Teppich und Wände abgesaugt, das

Badezimmer und WC auf Vordermann gebracht. Umfangreiche Überlegungen werden in Hinblick auf Essen, Getränke, Knabberzeug und Dekoration angestellt. Entscheidungen bezüglich der Servietten und der eigenen Garderobe erweisen sich als schwierig und werden mehrfach korrigiert. Selbst wenn die Gäste eingetroffen sind, wird sie versuchen, ihnen jeden Wunsch von den Lippen abzulesen. Sie steht oft auf, um Dinge aus der Küche zu holen, von denen sie annimmt, damit die Gäste noch glücklicher zu machen. Wenn die Gäste gegangen sind, fühlt sie sich fix und fertig, sieht sich aber genötigt, alles wegzuräumen, damit die Wohnung wieder ordentlich aussieht. „Wenn morgen jemand käme, was für einen Eindruck soll der von uns bekommen?"

Dann gibt es den Familienvater, der mehr Zeit für die Sauberkeit seines Autos investiert als für die anderen Familienmitglieder. Und es gibt andere Zeitgenossen, die jeden Grashalm vom Plattenweg entfernen, alles was nicht selbst gepflanzt wurde, als Unkraut betrachten und für die Aufrechterhaltung einer künstlichen Ordnung die ganze Freizeit investieren, ohne einen sonstigen Nutzen von ihrem Rasen, der Terrasse oder dem Garten zu haben.

Hast du auch schon einmal eine Wohnung betreten, in der eine Atmosphäre wie in einer Leichenhalle herrschte, und in der man sich kaum traute, Platz zu nehmen? Hier wurde eine Ordnung geschaffen, die nur einen Störfaktor aufweist: den Menschen. So friert das Leben ein und wird zum Sklaven der Prinzipien und der Perfektion. Unter anderem steht oftmals ein Leitprinzip dahinter: Je gründlicher (je genauer), desto besser. Für einen Wissenschaftler im Labor, für einen Arzt oder Apotheker oder in anderen Berufen mag das oft stimmen. Es gilt aber nicht absolut. Wenn wir eine Eieruhr benutzen, die die hundertstel Sekunde anzeigt oder eine Personenwaage mit Milligrammanzeige, dann gehen wir zwar genauer vor und haben einen Informationszuwachs, der aber völlig sinnlos ist. Wenn Ordnungsprinzipen oder Perfektion zum Selbstzweck werden, zahlen wir einen hohen Preis.

Erkenntnis:

Prinzipien sollen dem Menschen dienlich sein, ihn nicht zum Sklaven machen. Perfektion ist eine Utopie. Um künstliche Ordnungen herzustellen, investieren wir viel Energie, Unruhe und Anspannung. Anschließend bezahlen wir einen noch höheren Preis durch die ständige Angst, sie könnten verloren gehen. Entscheiden wir uns für mehr Gelassenheit.

Hab ich Dir schon erzählt, ...

Positives Denken

was ich unter „positivem Denken" verstehe?

Eine Reihe von Lesern werden die Bücher von *Murphy* und *Carnegie* über positives Denken kennen. Das Internet-Lexikon Wikipedia definiert „positives Denken" folgendermaßen: *Die Methode „Positives Denken" zielt im Kern darauf ab, dass der Anwender durch konstante positive Beeinflussung seines bewussten Denkens (z.B. mit Hilfe von Affirmationen oder Visualisierungen) in seinen Gedanken eine dauerhaft konstruktive und optimistische Grundhaltung erreicht und infolgedessen eine höhere Zufriedenheit und Lebensqualität erzielt.*

In meinen Therapien spreche ich auch von positivem Denken, aber mit einer anderen Sinngebung. In seiner ursprünglichen Bedeutung stellt das Positive *das Vorhandene, das Gegebene, das Tatsächliche* und nicht unbedingt das Gute, das Schöne, das Glücklichmachende dar (wenn zum Beispiel ein Arzt von einem positiven Befund spricht).

Meine Vorstellung ist nicht, dass meine Patientinnen und Patienten nach einer Therapie permanent glücklich durchs Leben gehen. Es wäre schon ein großer Fortschritt, wenn jemand in der Lage ist, zwischen dem Gegebenen, dem Tatsächlichen und den selbst gemachten Übertreibungen, Dramatisierungen, Verfälschungen, Einseitigkeiten und selbstschädigenden Gedanken zu unterscheiden, und dann entsprechend zu handeln. Wenn wir eine Mücke vor uns haben, sollten wir die Mücke sehen und nicht den Elefanten. Das Leid entsteht in vielen Fällen nicht durch die Gegebenheiten sondern durch die Art unserer inneren Verarbeitung. Eine Kasse im Supermarkt ist ein Ort, an dem ich meine Waren auf ein Laufband lege und anschließend bezahle. Außerdem gibt es dort andere Kunden, die Gleiches vorhaben. Es ist kein Ort, an dem ich permanent unter Beobachtung stehe und jedesmal befürchten muss, in Ohnmacht zu fallen. Eine Spinne ist eine Spinne und kein Monster, vor dem ich mich augenblicklich in Sicherheit bringen muss. Wenn Timo eine Klassenarbeit verhauen hat, dann hat er für diese Arbeit eine schlechte Benotung erhalten. Das stellt keinen Hinweis dar, dass er in einem halben Jahr nicht versetzt werden wird, und der Besuch einer weiterführenden Schule aussichtslos ist. Wenn mich jemand kritisiert, ist er mit irgendetwas nicht einverstanden. Das bedeutet nicht, dass ich keinem etwas recht machen kann, oder dass ich ein Versager bin. Wenn mein Freund mich verlassen hat, ist das bedauerlich und macht mich zunächst traurig. Das heißt nicht, dass ich kein Glück bei Männern habe und nie wieder glücklich sein werde. Wenn ich arbeitslos bin, ist das ein belastender Zustand, und gerade in der heutigen Zeit wird es nicht einfach sein, eine neue Beschäftigung zu finden. Das belegt aber nicht, dass ich keine Fähigkeiten habe, dass ich nutzlos bin und mein Leben verpfuscht ist.

Solche gedanklichen Abläufe schaffen einen dramatischen Überbau, der nicht in dem anstehenden Problem selbst liegt. Ab und zu höre ich von anderen Menschen: „Ich weiß, ich neige zu Übertreibungen." „Ich steigere mich in etwas hinein." Gerade durch solche Formulierungen wird deutlich gemacht, dass sich jemand durch gedankliche Akrobatik vom Ursprung entfernt, ein Mehr des tatsächlich Vorhandenen schafft; etwas aufbläht, um schließlich darunter zu leiden.

Es wäre von großem Vorteil, wenn wir uns am Gegebenen, am Tatsächlichen orientieren. Wenn wir ein Paket tragen, in dem sich Steine befinden, wäre es schon schwer genug. Wir würden sicherlich nicht noch freiwillig einen Zementsack auf unsere Schultern laden.

Das Vermeiden eines gedanklichen dramatischen Überbaus muss uns nicht hindern, eine positive Lebenseinstellung zu haben, vom Erreichen der eigenen Ziele auszugehen, sich selbst zu achten und fürsorglich mit sich selbst umzugehen.

Erkenntnis:

Wir werden sicherlich immer wieder mit schwierigen Aufgaben, belastenden Ereignissen, Konflikten und Problemen konfrontiert. Wir sollten aber rechtzeitig erkennen, wann wir durch gedankliche Weiterentwicklungen aus dem Schneeball die Lawine konstruieren. Bleiben wir beim Schneeball.

Hab ich Dir schon erzählt, ...

Vom Schlechten zum Guten

dass eine Enttäuschung sich zum Guten entwickeln kann?

Wer kennt nicht Situationen, in die wir mit großen Erwartungen hineingegangen sind? Wir hatten positive Vorstellungen vom Erreichen eines Zieles: eine Klassenarbeit, der Auftritt innerhalb des Schulorchesters, die Führerscheinprüfung, der Abschluss einer Ausbildung, der Beginn einer Beziehung, eine Fortbildung, ein Computerkurs, eine neue Wohnung, ein Arbeitsplatzwechsel, ein Urlaub, ein neuer Fernseher usw. In unserer Erwartung gehen wir davon aus, dass unsere Unternehmungen zu einem für uns guten Ausgang führen. Wir möchten eine gute Klassenarbeit abliefern, im Orchester nicht unangenehm auffallen, den Führerschein ausgehändigt bekommen, die Ausbildung mit Erfolg abschließen, eine glückliche Beziehung führen, in die neue Wohnung einziehen und uns dort wohlfühlen; wir wünschen, dass der neue Arbeitsplatz Vorteile bietet und der Urlaub angenehm und erholsam ist.

Nun kann es passieren, dass die eine oder andere Rechnung nicht aufgeht:

Als ich vor vielen Jahren aus beruflichen Gründen nach Kassel kam, musste ich mich um eine Unterkunft bemühen. Die Zeit drängte, und ich war froh, als mir eine kleine Wohnung in Aussicht gestellt wurde. Ich wurde hingehalten und vertröstet. Es war enttäuschend. Schließlich erhielt ich einen neuen Hinweis, und ich wurde mit dem Vermieter schnell einig. Die Wohnung war schöner, geräumiger und günstiger, dazu in herrlicher Lage. Hinterher hatte ich das Gefühl, dass die anfängliche Enttäuschung notwendig war, um mir etwas Besseres zu bescheren.

Haben wir nicht schon alle Situationen erlebt, die mit Frust verbunden waren, weil unsere Vorstellungen und Ziele durchkreuzt wurden, in denen irgendetwas dazwischen kam und unsere Zielverwirklichungen blockiert wurden? Ein Kauf, der nicht zustande kam, eine vielversprechende berufliche Bewerbung, die dann doch nicht klappte, ein Urlaub, der kurzfristig nicht angetreten werden konnte, eine Liebesbeziehung, die nach kurzer Zeit ihr Ende fand, ein Termin, den man verpasst hat.

Vor etlichen Jahren wollte ich mit mehreren Personen in Dänemark Urlaub machen. Wir hatten die Unterkunft so ausgesucht, dass für Kinder entsprechende Aktivitäten angeboten wurden und man bei schlechtem Wetter nicht nur in „den eigenen vier Wänden" verbringen musste. Zwei Tage vor Urlaubsantritt erreichte uns eine Absage, da eine Fehlbuchung vorlag. Niedergeschlagenheit und Verärgerung wechselten sich ab. Man bot uns zwei Vorschläge für ein Ferienhaus im Norden Dänemarks an. Um es kurz zu machen: wir entschieden uns für das größere Haus, und es wurde ein wunderschöner Urlaub. Zwei Wochen Sonne, gemütliche Räumlichkeiten, viel Platz, Strandnähe usw. Aus Neugier sahen wir uns auch die ursprüngliche Unterkunft an. Das Schicksal hatte uns die weitaus bessere Alternative beschert.

Erkenntnis:

Natürlich funktioniert es nicht immer. Dennoch könnten wir uns in machen Situationen fragen, in denen wir Frust, Verärgerung oder Enttäuschung erleben, ob sich nicht in kürzerer oder weiterer Zukunft andere Entwicklungen ergeben, von denen wir momentan noch nichts ahnen, und die uns eine bessere Alternative bescheren, als wir ursprünglich gedacht haben. Unsere eigene Vorstellung ist nur *eine* Variante. Manchmal hält das Schicksal noch eine bessere bereit. Wie sagte *Eugen Roth*: „Ein Mensch schaut in der Zeit zurück und sieht: Sein Unglück war sein Glück."

Vom Schlechten zum Guten

Hab ich Dir schon erzählt, ...

Logische Fettnäpfchen

dass nicht alles logisch ist, was logisch klingt?

S tell Dir einmal folgende Situation vor: Montagmorgen, 6 Uhr 30, der Wecker klingelt. Das Bett scheint eine magnetische Wirkung zu haben. Instinktiv drücken wir die Schlummertaste. 10 Minuten später, der Wecker klingelt erneut. Diesmal überwinden wir die Schwerkraft und springen aus dem Bett, denn jetzt muss alles sehr schnell gehen. In der Eile finden wir den zweiten Strumpf nicht, was die Laune nicht gerade verbessert. Dass wir den Brief nicht finden, den wir mitnehmen wollten, verstärkt den Frust. Zum Schluss rennen wir noch schnell in die Küche, um wenigstens einen Becher Kaffee zu trinken, und stellen ärgerlich fest, dass wir in der Hektik vergessen haben, die Kaffeemaschine anzustellen. Daraufhin entwischt uns folgender Gedanke: „Heute geht aber auch alles schief." Klingt doch logisch, oder? Ist es aber nicht.

Wir sind in zwei gedankliche Fallen getappt. Es ist gerade 7 Uhr. Klammheimlich haben wir die folgenden 17 Stunden des Tages in unsere Aussage mit einbezogen, wenn wir von ‚heute' sprechen. Die zweite Falle liegt in dem Wort ‚alles'. Genau genommen sind uns innerhalb einer halben Stunde 3 Missgeschicke passiert. Wenn tatsächlich alles schief gegangen wäre, hätten wir uns die Finger in der Badezimmertür geklemmt, wären in der Dusche ausgerutscht, hätten beim Rasieren einen elektrischen Schlag bekommen, wären beim Ankleiden hingefallen, hätten den Toaster in Brand gesetzt und uns am Knäckebrot verschluckt. Der Gedanke, heute geht aber auch alles schief, stellt eine maßlose Übertreibung dar, sowohl in zeitlicher als auch in inhaltlicher Hinsicht. Zusätzlich hat er den Charakter einer selbsterfüllenden Prophezeiung.

Vielleicht hältst Du mich jetzt für besonders kleinlich. Natürlich müssen wir nicht jede Äußerung auf die Goldwaage legen. Andererseits passieren uns solche gedanklichen Fallgruben häufiger als wir glauben, und sie haben nicht selten Auswirkungen.

Nehmen wir folgende Aussage: Wenn es regnet, ist die Straße nass. Folglich: wenn es nicht regnet, ist die Straße nicht nass. Klingt doch logisch, oder? Ist es aber nicht. Die Straße kann auch aus anderen Gründen nass sein, z.B. infolge eines Rohrbruchs. Die Aussage müsste heißen: Die Straße ist nicht nass, also hat es nicht geregnet.

Nun gut, andere Äußerungen sind uns offenbar vertrauter: „Mein Chef kritisiert häufig meine Arbeit. Er hat etwas gegen mich." (Vielleicht ist das Gegenteil der Fall. Weil ich ihm etwas bedeute, weist er mich auf Fehler hin, damit ich sicherer werde und meine Kompetenzen erweitern kann.) „Ich habe zwei gescheiterte Partnerschaften hinter mir. Ich bin nicht beziehungsfähig." (Es gibt eine Vielzahl von Faktoren, die zu Trennungen führen. Das beweist überhaupt nicht meine Beziehungsunfähigkeit.) „Meine Eltern haben mir für meine neue Wohnung ein antikes Möbelstück angeboten. Ich habe es abgelehnt, da es nicht zu meinem Stil passt. Ich bin undankbar." (Ich kann für das Angebot meinen Dank aussprechen. Ich muss aber nicht jedes Angebot annehmen.)

Erkenntnis:

Bei diesen Beispielen handelt es sich um scheinbar logische Schlussfolgerungen, die sich bei näherer kritischer Betrachtung als nicht logisch herausstellen. Für die betreffende Person erweisen sich aber die gedanklichen Ableitungen als zutreffende Überzeugungen, und sie haben Auswirkungen. Denn wenn jemand überzeugt ist, der Chef habe etwas gegen ihn, wenn er meint, er sei beziehungsunfähig oder ein undankbarer Mensch, dann können wir uns vorstellen, wie er sich fühlt und welche Konsequenzen für sein Verhalten daraus entstehen. Prüfen wir also genauer, ob unsere logischen Schlussfolgerungen tatsächlich logisch sind, oder ob wir in eine gedankliche Falle getappt sind.

Hab ich Dir schon erzählt, ...

Der Witz mit der Weiche

dass ich in der einen oder anderen Therapiestunde auch mal einen Witz erzähle?

Vielleicht ist man im Allgemeinen der Ansicht, Therapiesitzungen seien eine sehr ernste Angelegenheit. Natürlich geht es um Probleme, schwierige Situationen, Lebenskrisen, krankhafte Störungen, vegetative Symptome, Ängste, Niedergeschlagenheit, Zwangsstörungen, Hoffnungslosigkeit und einen massiven Leidensdruck. Geschichten, Anekdoten und auch Witze können mitunter dazu beitragen, einen bestimmten Sachverhalt aus einer ganz anderen Perspektive darzustellen, und sie können es den Patienten erleichtern, einen anderen Zugang zu ihren Problemen zu bekommen bzw. alternative Lösungsmöglichkeiten zu entwickeln.

Zwei etwas angetrunkene Männer befinden sich auf dem Nachhauseweg. Um den Weg abzukürzen, benutzen sie die Bahngleise einer Strecke, von der sie annehmen, sie sei stillgelegt. Nach einer Weile hören sie in der Ferne Geräusche, die das Herannahen eines Zuges ankündigen. Die beiden Männer gehen schneller, doch die Geräusche kommen näher. Sie beginnen zu laufen, doch das Herannahen eines Zuges wird immer gewisser. Schließlich sagt der eine zum anderen: „Wenn jetzt nicht gleich eine Weiche kommt, sind wir verloren."

Man mag darüber schmunzeln oder auch nicht. Mancher wird denken: „Typischer Irrenwitz." Sehen wir uns aber einige Einzelheiten an. Die beiden Männer gehen auf Bahngleisen. Damit verbinden wir etwas Vorgegebenes, etwas Beschränkendes, etwas Einengendes. Dem Zug stehen nur die vorgegebenen Schienen zur Verfügung. Es gibt kein Links, kein

Rechts. Ein PKW hat eine viel größere Flexibilität. Als nun Gefahr droht, verbleiben die beiden Männer in ihrem eingeengten Rahmen, auch wenn sie ihre Laufgeschwindigkeit erhöhen. Die letzte Äußerung des einen Mannes weist darauf hin, dass die Hoffnung und damit die Lösung des Problems darin besteht, dass der Schienenstrang sich durch eine Weiche gabelt. Ansonsten kommt es zur Katastrophe.

Ergeht es uns bisweilen in bestimmten Situationen nicht genauso? Haben wir nicht durch bestimmte Ansichten, Meinungen, Prinzipien, Vorurteile, Hemmungen und Blockierungen ähnliche Einschränkungen, so dass wir uns auf eingetretenen Pfaden bewegen, auch wenn die Schwierigkeiten größer werden? Scheuen wir nicht manchmal davor zurück, den Weg zu verlassen, 2 Schritte zur Seite zu treten, selbst wenn dadurch eine Verbesserung der Situation eintreten würde? Vielleicht kennen wir Menschen in unserer Umgebung, die es an Flexibilität vermissen lassen. Vielleicht erweisen wir uns aber selbst auch manchmal als halsstarrig, dickköpfig und unnachgiebig. Wäre es da nicht auch angebracht, einmal 2 bis 3 Schritte zur Seite zu treten, und wir würden eine andere Sichtweise erhalten. Sicher ist es nicht grundsätzlich verkehrt, Prinzipien zu haben. Prinzipien sollten aber im Dienst eines anderen Wertes stehen. Wenn die Erfüllung eines Prinzips nur noch Selbstzweck wird, ohne Rücksicht auf die Konsequenzen, verhalten wir uns ähnlich wie unsere beiden Freunde auf dem Bahngleis.

Erkenntnis:

Prüfen wir häufiger, ob die Aufrechterhaltung eines Prinzips sinnvoll ist. Unnachgiebigkeit führt zu Einengung und zur Blockierung sinnvoller Lösungen. Die Äste eines Baumes, die genügend Biegsamkeit aufweisen, werden auch dem Sturm standhalten. Morsche und feste Äste brechen leichter.

Hab ich Dir schon erzählt, ...

Ein Gespräch mit der Realität

dass ich neulich ein Gespräch mit „der Realität" geführt habe?

„Das gibt's doch nicht!", schimpfte ich los, als ich mit einem für mich unangenehmen Ereignis konfrontiert wurde. „Das darf doch wohl nicht wahr sein!" „Was darf nicht wahr sein?", mischte sich plötzlich eine Stimme ein, die sich als „die Realität" vorstellte. „Na, dass ich jetzt in einer sehr belastenden Situation stecke." „Und warum darf das nicht *wahr* sein? Du hast es doch gerade *wahr*genommen." „Weil mich solche Ereignisse ärgerlich, aber auch hilflos und leidend machen." „Und deshalb dürfen sie nicht eintreten?" „Genau", sagte ich, „ich möchte ein zufriedenes Leben führen." „Wo nimmst du denn diesen Anspruch her?", fragte die Realität. „Weil es vorteilhaft wäre, und es gäbe kein Leid, keinen Ärger, keine Trauer, keine Ungerechtigkeit. Das Leben wäre leichter und angenehmer." „Und wie soll das funktionieren?", meinte die Realität, „hast du dir darüber einmal Gedanken gemacht?"

Ich muss gestehen, in dem Moment hatte ich keine passende Antwort parat. „Womit habe ich das verdient?" Ich versuchte, dem Gespräch eine Wendung zu geben. „Ach, glaubst du, ich, die Realität, würde meine Entscheidungen nach Belohnung und Strafe verteilen? Findest du das in der Welt bestätigt?" Ich merkte, meine Frage erwies sich als Eigentor. „Ich möchte aber nicht immer wieder in schwierige Situationen geraten." „Hör mal, mein Freund, stell' dir mal vor, ich würde bei dir eine Ausnahme machen, was wäre dann mit deinen Mitmenschen? Du möchtest Sonne und 26 Grad, damit du zum Schwimmen gehen kannst. Bauer Heinrich hofft auf Regen, damit die Ernte nicht gefährdet ist. Krauses Kinder wollen Schnee, um ihre Schlitten zum Einsatz zu bringen. Für das alte Ehepaar Lehmann sind Temperaturen von über 20 Grad Kreislauf belastend, und Timo wünscht sich Wind, um seinen Drachen steigen zu lassen. Hast du mal eine Lösung parat, wie ich es jedem recht machen soll?" „Vielleicht könnte man wenigstens die schlimmen Ereignisse weglassen." Eine bessere Bemerkung fiel mir nicht ein. Ich hatte aber auch einen gewieften Gesprächspartner. „Wer entscheidet denn, was schlimm ist? Das eine Paar leidet unter einer Trennung, das andere ist froh, dass die zermürbende Beziehung endlich ein Ende gefunden hat. Für den einen stellt eine schwierige Situation eine Herausforderung dar, die ihm die Chance gibt, neue Erfahrungen zu machen, und der gestärkt aus dieser Situation hervorgeht. Ein anderer bekommt Angst und läuft weg. Ein Dritter hat kein Zutrauen und verzweifelt. Ich, die Realität, liefere nur die Bedingungen, die allerdings sehr unterschiedlich ausfallen können. Was du daraus machst, hängt von dir ab." Zu diesem Zeitpunkt war ich schon etwas nachdenklicher und kleinlaut geworden.

Die Realität merkte meine Verwirrung und Unsicherheit und legte nach. „Außerdem, warum leugnest du mich? Du sagst, das darf nicht wahr sein, obwohl du mich wahr-genommen hast. Du kommst sowieso an mir nicht vorbei. Ich bin immer da. Du kannst vor mir weglaufen, wegen mir vor Wut in den Teppich beißen, du kannst versuchen, mich zu verändern, du kannst mich schön oder schlecht reden. Meine Vorgaben bleiben." „Du bist aber ganz schön hart" warf ich ein. „Das ist wiederum deine Interpretation. Ich sagte es schon, ich liefere nur das Ausgangsmaterial." Am Anfang war ich ja noch aufmüpfig gewesen, jetzt schwammen mir allmählich die Felle weg. „Warum akzeptierst du mich nicht einfach. Egal, was du auch tust, du gehst mit mir um. Mach' dir doch nichts vor. Du hast aber die Wahl, *wie* du mit mir umgehst. Wenn wir schon nicht immer Freunde sein können, könnten wir uns doch wenigstens gegenseitig respektieren. Ich sage es ungern, aber an dieser Stelle muss ich es sagen: Höre auf, gegen mich zu kämpfen. Ich will dir keine Angst machen, aber du weißt, dass du den Kampf verlierst. Wir könnten doch versöhnlich miteinander umgehen, auch wenn nicht alles nach deinen Wünschen verläuft. Ich würde es ja gerne allen recht machen, aber das ist eine

Unmöglichkeit", sagte die Realität. Ich saß noch eine Weile sehr nachdenklich da und dachte schließlich: „Wo sie recht hat, hat sie recht."

Erkenntnis:

Es ist oft nicht leicht, die Realität zu akzeptieren. Sie zu leugnen oder sich gegen ihre Existenz aufzulehnen, hilft nicht weiter. Entdecken wir lieber unsere Möglichkeiten, mit ihr umzugehen.

Hab ich Dir schon erzählt, ...

Regeln, die es nicht gibt

dass manche Leute Regeln aufstellen, die es gar nicht gibt?

Es gibt mathematische Regeln, Verkehrsregeln, Rechtschreibregeln, Spielregeln und andere. Sie dienen als Orientierung für gleiche Abläufe und Verhaltensweisen unter gleichen Bedingungen und in gleichen Situationen. Andere Vorgänge laufen auch nach Regeln ab, mehr im Sinne von Regelmäßigkeit. Wenn ich einen heißen Becher Kaffee in die Hand nehme, werde ich mir die Finger verbrennen. Wiederhole ich das Ganze, werden mir wieder die Finger weh tun. Wir müssten kein Hellseher sein, um das Ergebnis auch für weitere Durchgänge vorherzusagen. Wahrscheinlich würde aber eine einzelne Erfahrung ausreichen, um im wahrsten Sinne des Wortes die Finger davon zu lassen.

Nun gibt es Menschen, die in bestimmten Situationen ihre eigenen Regeln aufstellen, und diese eine Art Handlungsanweisung für das weitere Vorgehen darstellen. Wenn jemand im Fahrstuhl, im Auto, in der Menschenmenge, an der Supermarktkasse einen Angstanfall erlebt, kommt es nicht selten vor, dass derjenige im Anschluss eine Regel erstellt, die da lautet: „Da mir das heute passiert ist, wird mir das auch beim nächsten Mal passieren." Die Folgen sind Ausweich- und Vermeidungsverhalten; das heißt, in Zukunft werden solche Situationen nach Möglichkeit gemieden. Was hat es mit dieser Regel auf sich?

Ohne dass es der Betreffende merkt, geht er zusätzlich von einer bestimmten Voraussetzung aus: mein Unbehagen steht in einem ursächlichen Zusammenhang mit den örtlichen Gegebenheiten. Einfach gesagt, der Fahrstuhl, die Menschenmenge, die Schlange an der Kasse sind die Ursache meiner unguten Empfindungen. Diese Annahme erweist sich aber bei näherer Betrachtung als falsch. Es gibt keine geheimnisvollen Angststrahlen, die von den äußeren Bedingungen ausgehen, und die in unserem Körper ihr Unwesen treiben, im Gegensatz zu dem oben er-wähnten Kaffee-Beispiel. Gäbe es eine solche Verursachung, dann müsste sie sich auf alle Personen im Fahrstuhl oder in der Menschenmenge aus-wirken. Das ist aber nicht der Fall. Wir sollten hier erkennen, dass es sich um interne, körperliche, emotionale und gedankliche Prozesse handelt. Die Regeln stellen wir selbst auf, ohne einen realistischen Hintergrund, aber mit weitreichenden Folgen, nämlich wenn wir in Zukunft solche Situationen vermeiden. Dann schränkt das unser Leben erheblich ein. Weitere Beispiele sind: Kino- oder Konzertbesuch, Behördengänge, Be-treten eines Restaurants, Schwimmbadbesuch, gesellschaftliche Anlässe usw.

Kinder scheinen in geringerem Maße solche Regeln aufzustellen. Wer von uns ist in der Kindheit nicht von einer Schaukel, von einem Kletter-gerüst oder einer Rutsche gefallen. Vielleicht haben wir einen Schreck bekommen, vielleicht flossen Tränen. Kurze Zeit später siegte die Neu-gier oder der Spaß, und wir schaukelten, kletterten oder rutschten von Neuem. Hätten wir eine Regel aufgestellt, nach der wir auch in Zukunft beim Absteigen vom Fahrrad hinfallen werden, wir hätten alle nie Fahr-rad fahren gelernt.

Wenn wir uns vor Augen halten, dass sich die Voraussetzungen für unse-re Beklemmung in unserer Person abspielen, dann könnten wir unseren eigenen Einfluss besser wahrnehmen und uns fragen, was kann ich an-ders machen, um die Situation zufriedenstellender zu erleben. Insofern möchte ich hier eine andere Regel aufstellen: „Wenn du in ähnlichen Situationen immer das Gleiche tust, wirst du auch in Zukunft immer das Gleiche erhalten." Wenn dabei aber nichts Gutes heraus kommt, sollten wir uns um Veränderung bemühen.

Erkenntnis:

Auch für solche Veränderungen gibt es eine Regel, zumindest ein Leitmotiv. Der Arzt und Psychotherapeut *N. Peseschkian* hat einem seiner
Bücher einen schönen Titel gegeben: *Wenn du willst, was du noch nie
gehabt hast, dann tu, was du noch nie getan hast.*

Hab ich Dir schon erzählt, ...

Die Weissagungen des Nostradamus

dass manche Prophezeiungen tatsächlich in Erfüllung gehen?

Wer würde nicht gern ab und zu einen Blick in die Zukunft werfen, um sich schon vorher überzeugen zu können, dass eine Angelegenheit einen guten Verlauf nimmt. Damit könnte man sich manche Erwartungsspannung, Ungeduld und Unruhe ersparen. Häufiger als uns bewusst wird, treffen wir Vorhersagen, wie eine bestimmte Situation ausgehen wird. Dabei helfen uns unsere bisherigen Erfahrungswerte. Wenn wir ein Bedürfnis nach einem gemütlichen Frühstück mit frischen Brötchen verspüren und uns auf den Weg zum Bäcker machen, erwarten wir, dass wir mit einer vollen Brötchentüte nach Hause zurückkehren. In der Regel liegen wir mit unserer Prognose richtig (obwohl wir uns dieses Hintergrundes gar nicht bewusst sind).

Die Vorhersage, dass ich überzeugt bin – obwohl ich einen Lottoschein abgebe – bei der nächsten Ziehung *nicht* zu gewinnen, dürfte weniger mit meiner prophetischen Gabe zu tun haben, als vielmehr mit der sehr geringen Wahrscheinlichkeit.

Es gibt aber noch andere Arten von Prophezeiungen. Stellen wir uns einmal einen Redakteur einer Tageszeitung vor, einen Witzbold, der der Meinung ist, anlässlich des 1. Aprils müsse man der Leserschaft etwas Besonderes bieten, um sie in den April zu schicken. Unter der Überschrift: „Alarmstufe Rot! Toilettenpapier wird knapp!" legt unser Scherzkeks sachlich und detailliert dar, was uns in den nächsten Tagen an Engpässen erwartet. Die Argumentation ist einwandfrei, überzeugend, glaubwürdig, aber völlig aus der Luft gegriffen. Was wird passieren? Aller Wahrscheinlichkeit nach werden sich etliche Haushalte in Anbetracht der bevorstehenden Katastrophe mit Vorräten eindecken, so dass es in einigen Geschäften tatsächlich zu Versorgungsengpässen kommt. In diesem Fall haben wir es mit Auswirkungen zu tun, die es ohne Prophezeiung nie gegeben hätte. Wir sprechen von einer selbsterfüllenden Prophezeiung.

Nun müssen wir nicht immer erst auf einen Redakteur zurückgreifen, dem der Schalk im Nacken sitzt. Das schaffen wir auch selbst. Nur ist es dann in der Regel nicht mehr witzig.

Vielleicht hast Du ja auch schon eine der folgenden Vorhersagen getroffen: „Bei der kommenden Gartenfete bei Müllers werde ich wieder die meiste Zeit stumm dasitzen und kein Wort heraus bringen." „Das nächste Vorstellungsgespräch geht sicher wieder in die Hose." „Wenn ich das nächste Mal einen Fahrstuhl betrete, werde ich bestimmt wieder eine Angstattacke bekommen." „Bei der Fahrschulprüfung falle ich mit Sicherheit durch." „Ich bin jetzt schon ganz aufgeregt, wenn ich an den morgigen Termin denke." „Hoffentlich gibt es beim Betriebsessen keine Vorsuppe. Da zittern mir immer die Hände." „Wenn mir der Chef nochmals über die Schulter zusieht, was ich gerade mache, drehe ich durch."

Sollten wir mit derartigen Vorhersagen tatsächlich recht haben, dann liegt es nicht an unseren prophetischen Fähigkeiten, obwohl wir manchmal so denken: "Siehste, ich habe es ja gleich gesagt! Ich wusste es! Es musste ja so kommen!" Es bestätigt auch kein geheimes Naturgesetz, nach dem sich gerade bei uns derartige Konsequenzen ergeben, während unsere Mitmenschen davon verschont bleiben. Im Übrigen handelt es sich in der Regel um negative Prognosen, also um Befürchtungen, und damit nähern wir uns dem tatsächlichen Hintergrund. Durch unsere gedankliche Vorwegnahme unangenehmer oder bedrohlicher Ereignisse verändern wir unsere emotionalen und körperlichen Voraussetzungen, die so geartet sind, dass sie eine hohe Wahrscheinlichkeit besitzen, genau das zu bewirken, was wir prophezeit haben. Wenn wir Verlieren, Versagen, Blamage, Enttäuschung oder andere frustrierende Ereignisse vorwegnehmen, wird Angst, Anspannung, Unruhe und mangelnde Aufmerksamkeit die Folge sein. Mit diesem Gepäck gehen wir in die Situationen, so dass es kein Wunder ist, wenn wir einen Kloß im Hals haben, lieber stumm dasitzen, die Kaffeetasse wackelt oder unsere Bewegungen hektisch oder fahrig werden.

Erkenntnis:

Achten wir auf unsere Prophezeiungen. Oftmals tragen wir durch sie erst zur Erfüllung unangenehmer Ereignisse bei.

Hab ich Dir schon erzählt, …

Die schlaue Wespe

dass man sogar von einer Wespe etwas lernen kann?

Es war ein wunderschöner Sommertag. Ich wohnte damals in der Nähe von Hannover auf dem Lande. Der Vorgarten leuchtete vom Grün der Sträucher, der Bäume und des satten Rasens. Die Terrassentür stand auf, während ich vom Sessel aus nach draußen sah. Plötzlich erregte eine Wespe meine Aufmerksamkeit. Sie war wohl für mich unbemerkt durch die offene Tür ins Wohnzimmer geflogen und versuchte nun an der Fensterscheibe ins Freie zu gelangen.

Ich weiß nicht, wie Wespen ihre Umwelt wahrnehmen. Ob sie die Farben so sehen wie wir Menschen, und ob sie Objekte unterscheiden können. Ich ging einfach davon aus, sie hätte ganz klar ihr Ziel vor Augen, und versuchte nun, den direkten Weg dorthin zu finden. Unruhig krabbelte sie die Scheibe hoch, rutschte wieder nach unten und bemühte sich mit hektischen Bewegungen, ins Freie zu gelangen. Das wiederholte sich eine Zeit lang. Mit der Überlegenheit des menschlichen Geistes sah ich der hilflosen Wespe zu. Ich hatte ja sehr schnell die Lösung des Problems parat. Manchmal muss man sich erst vom Ziel entfernen, um den richtigen Weg dorthin zu finden. Ich kann nicht mehr genau sagen wie, aber plötzlich fand die Wespe den Dreh und flog in hohem Tempo in die grüne Welt.

Danach habe ich mich ein bisschen geschämt. Da saß ich nun mit meiner Überheblichkeit. Die Wespe hatte mir ja gezeigt: „Ich krieg das schon hin. Es dauert nur etwas länger." Andererseits hatte ich das Gefühl, dass wir Menschen uns mitunter gar nicht vom Verhalten der Wespe unterscheiden.

Hat nicht jeder schon einmal ein Ziel vor Augen gehabt, und hat dabei die Glasscheibe nicht gesehen oder wahrhaben wollen, die zwischen Ausgangspunkt und Zielerreichung vorhanden war? Bilden wir uns nicht manchmal ein, man müsse Ziele auf direktem Wege erreichen? Zur Not muss man den Druck erhöhen oder die Brechstange nehmen. Erkennen wir immer rechtzeitig, dass noch Hindernisse zu überwinden sind, Steine aus dem Weg geräumt werden müssen, genauere Informationen erforderlich sind oder ein günstigerer Zeitpunkt zur Erreichung eines Ziels abgewartet werden muss? Sind wir nicht hin und wieder zu schnell, zu ungeduldig und rennen mit dem Kopf gegen die Wand? Manchmal würde sich ein geistiger oder emotionaler Abstand als sehr hilfreich erweisen. Das verändert den Blickwinkel, und wir könnten eine bessere Perspektive gewinnen. Dadurch wird der Weg zum Ziel klarer. Wir sprechen davon, dass sich jemand verrannt oder festgebissen hat. Dabei hat er offenbar die Glasscheibe nicht rechtzeitig wahrgenommen.

Wenn wir der Meinung sind, es handle sich nur um eine Kleinigkeit, und schrauben den Fernseher, Computer oder den Staubsauger auf, um auf direktem Wege die Störung zu beseitigen, zeugt das unter Umständen von einem hohem Maß an Selbständigkeit und Kompetenz. Haben wir aber mittlerweile eine Sammlung von Einzelteilen angehäuft und den Überblick verloren, wäre ein Entfernen vom Ziel sinnvoller, um einen Fachmann zu befragen, anstatt mit Verbissenheit und dem Rest des männlichen Stolzes für die Vollendung eines chaotischen Zustandes zu sorgen.

Erkenntnis:

Sogar das Verhalten einer Wespe kann uns wertvolle Hinweise auf menschliche Schwächen liefern. Manchmal ist es die einzige gangbare Möglichkeit, sich zunächst vom Ziel zu entfernen, um den richtigen Weg zu finden. Als Menschen sollten wir die Glasscheiben rechtzeitiger erkennen.

Hab ich Dir schon erzählt, ...

Dramatische Kettenreaktionen

dass es nicht nur in Kernreaktoren Kettenreaktionen gibt?

Unter einer Kettenreaktion versteht man in der Regel eine chemische oder physikalische Reaktion, die weitere gleichartige Umwandlungen nach sich zieht. Solche Prozesse finden zum Beispiel in einem Kernreaktor statt, wenn auch unter kontrollierten Bedingungen. Eine andere Form stellt der Domino-Effekt dar. Freunde des *Domino-Day* wissen zu schätzen, welche spektakulären Kettenreaktionen erzielt werden können.

Solche Effekte finden bisweilen auch in unseren Köpfen statt, allerdings nicht zu unserer persönlichen Erbauung.

Ich kann mich gut an eine junge Studentin erinnern, die wegen einer depressiven Störung vor Jahren meine Praxis aufsuchte. Während einer Therapiestunde erzählte sie folgendes: „Meine Mutter öffnete die Tür zu meinem Zimmer und sagte: "Wir können jetzt losgehen. Rück' doch gleich die Sofakissen zurecht." „Wie haben Sie das empfunden?" „Ich dachte, warum sagt sie mir das?" „Und?" „Sie denkt wohl, ich würde selbst nicht darauf kommen." „Und dann?" „Sie traut mir nichts zu." „Was heißt das für Sie?" „Wenn ich es recht überlege, trauen andere mir auch nichts zu." „Und?" „Wenn alle mir nichts zutrauen, dann achten sie mich auch nicht." „Was heißt das?" „Wenn keiner mich achtet, wie soll ich mich dann selbst achten." „Und das bedeutet?" „Wenn ich keine Selbstachtung habe, welchen Sinn hat dann mein Leben?" „Was folgt daraus?" „Wenn mein Leben keinen Sinn hat, dann könnte ich ja gleich aus dem Fenster springen." Ich fragte: "Wissen Sie noch, was der Ausgangspunkt war?" Obwohl sie in einer bedrückten Stimmungslage war, ging ein Schmunzeln über ihr Gesicht. "Mutter sagte, rück' doch gleich die Kissen zurecht."

Ein anderes Beispiel lieferte eine Mutter, deren Sohn wegen Schulschwierigkeiten im Kinderdienst vorgestellt wurde. „Kevin hat jetzt schon die zweite Klassenarbeit in Deutsch völlig verhauen. Wenn das so weiter geht, wird er sicher nicht versetzt werden, und dann können wir die weitergehende Schule abschreiben. Dann bleibt nur die Hauptschule, aber Sie wissen doch selbst, was kann man heute noch mit einem Hauptschulabschluss anfangen. Dann findet er keine Lehrstelle und lungert herum. Dann muss er nur noch in die falschen Kreise geraten, und schon gerät er auf die schiefe Bahn. Sein Leben ist doch schon vorgezeichnet." Was war der Ausgangspunkt? Kevin hatte Rechtschreibprobleme.

Man kann auch im Rückwärtsgang solche gedanklichen Kettenreaktionen entwickeln. Ein Mann kommt aufgebracht nach Hause und empört sich: "Also vorhin ist mir was passiert! Ich fahre die Hauptstraße entlang, da nimmt mir plötzlich einer von links die Vorfahrt. Ich gehe voll in die Bremse, und der Kerl fährt ohne Rücksicht weiter. Stellt dir mal vor, ich hätte nicht rechtzeitig reagiert. Der wäre mir voll in die Seite gefahren. Wahrscheinlich wäre ich dann schon im Krankenhaus. Drei bis vier Wochen Klinik, und das in meiner momentanen beruflichen Situation. Da könnte ich mir gleich die Kündigung abholen. Kannst du dir vorstellen, wie das mit den Abzahlungen für unser Haus aussähe, wenn ich arbeitslos wäre? Da geht die Hütte in die Zwangsversteigerung. Und das alles, weil so ein Idiot meint, er sei allein auf der Straße!"

Statt froh zu sein, dass nichts passiert ist, auch wenn ein anderer einen Fehler machte, und anstatt stolz auf sich zu sein, über eine so gute Reaktionsfähigkeit zu verfügen, nähert sich unser Held mit jeder weiteren gedanklichen Ableitung der Katastrophe.

Erkenntnis:

Diese Art von Kettenreaktionen geht über die aktuelle Situation hinaus, indem gedankliche Weiterentwicklungen konstruiert werden, die mit jeder Stufe dramatischer werden. Je nach Art des Endergebnisses reagieren wir mit Angst, Niedergeschlagenheit bzw. Hoffnungslosigkeit oder Ärger. Wenn Du Dir diese Gefühle ersparen willst, achte auf Deine gedanklichen Kettenreaktionen. Sieh Dir an, wo Du am Ende gelandet bist und worum es am Ausgangspunkt überhaupt ging.

Hab ich Dir schon erzählt, ...

Buridans Esel

dass es Entscheidungen gibt, um Ziele nicht zu erreichen?

Wir alle kennen sie, die Schwierigkeiten bei manchen Entscheidungen. Ob es um die Wahl eines neuen Jobs geht, eines PKW, einer neuen Wohnung oder eines Urlaubs; wir schütteln solche Entscheidungen meist nicht aus dem Ärmel. Selbst wenn es um den Kauf eines Kleidungsstückes, um das Einschalten des Fernsehgerätes, das Führen eines Telefonates, den Gang zum Kühlschrank oder das Vereinbaren eines Termins geht, ständig treffen wir Entscheidungen. Manche Personen behaupten von sich, bei wichtigen Entscheidungen sehr rational vorzugehen. Andere vertrauen ihrem Bauchgefühl. Wieder andere sprechen von intuitivem Vorgehen. Manchmal glauben wir, verstandesmäßige Überlegungen angestellt zu haben, und ahnen nicht, auf welche Reize wir unterschwellig hereingefallen sind. In der Werbung bedient man sich häufig dieser Mechanismen.

Ich möchte an dieser Stelle allerdings einige Besonderheiten ansprechen, die eher in den Bereich der Nicht-Entscheidungen fallen, obwohl es diese bei genauerem Hinsehen gar nicht gibt. Wenn ich an meine Schulzeit denke, dann fällt mir der Zahnarzt ein, der in größeren Abständen alle Schüler untersuchte. Wenn er Mängel feststellte, händigte er eine Karte aus. Mit dieser sollte man sich bei einem Zahnarzt eigener Wahl in Behandlung begeben. Dann wurde die Karte ausgefüllt, und sie musste bis zu einem vorgegebenen Termin in der Schule abgegeben werden. Nun gehörte damals der Zahnarzt nicht zu meinen liebsten Freunden. Ein Zahnarztbesuch war der Horror schlechthin. Also traf ich *keine* Entscheidung *für* einen Termin. Stattdessen entschied ich mich für andere Strategien. Irgendwann machte ich mich auf den Weg zur Praxis, aber auf wundersame Weise kam ich außerhalb der Sprechstunden dort an.

Schließlich vereinbarte ich doch einen Termin, wurde aber merkwürdigerweise an diesem Tage krank. Als ich die ausgefüllte Karte hätte abgeben sollen, musste ich überraschend feststellen, dass ich sie verloren hatte. Ich weiß nicht mehr, was ich mir noch alles einfallen ließ. Irgendwann musste ich doch den ungeliebten Termin wahrnehmen. Es ist schon erstaunlich, wie viele Energien wir mitunter für die Vermeidung einer notwendigen Aufgabe investieren.

Ich kenne Personen, die unliebsame Briefe (Behördenschreiben, Rechnungen usw.) automatisch in der Schublade verschwinden lassen, nach dem Motto „aus den Augen, aus dem Sinn". Wenn dann Mahnschreiben eintreffen, werden sie nicht erkannt, da sie ja ebenfalls ungeöffnet in der Versenkung landen. In einem Fall wurde das ganze Ausmaß erst in dem Moment deutlich, als der Gerichtsvollzieher vor der Tür stand.

Warum fallen uns bestimmte Entscheidungen so schwer? In der Regel verbinden wir mit ihnen unangenehme Folgen. Wir befürchten problematische Auswirkungen. Wir stoßen an unsere eigenen Ängste, Hemmungen und Blockierungen. Daher wählen wir den Weg des geringsten Widerstands, der unmittelbar zu einer Erleichterung führt. Damit ist die Angelegenheit gewöhnlich aber nicht vorbei. Ausweich- und Vermeidungsstrategien entpuppen sich meist als hartnäckige Geister, die uns in der Folgezeit immer wieder heimsuchen. Etwas „auszusitzen" funktioniert eher selten. Außerdem ist die investierte Energie bei unserem Slalomkurs erheblich größer, als wenn wir den geraden Weg benutzt hätten. Meistens müssen wir diesen letztendlich sowieso einschlagen, selbst wenn wir vorher schon 10 pfiffige Schleichwege beschritten haben.

(Schließlich musste ich doch zum Zahnarzt, siehe oben.)

Erkenntnis:

Wenn wir merken, dass wir uns ständig mit dem Nicht-Erreichen eines notwendigen Zieles beschäftigen, sollten wir uns mit unseren Ängsten und Befürchtungen auseinandersetzen. Vielleicht entdecken wir, dass wir dramatisieren, dass wir unsere eigenen Fähigkeiten unterschätzen, dass wir Angst vor Fehlentscheidungen haben, und dass es noch andere sinnvolle Lösungen geben kann, an die wir im ersten Moment nicht dachten. Die schlechteste Entscheidung ist oft das „Nicht-Entscheiden".

Hab ich Dir schon erzählt, ...

Die Welt als Schwarz-Weiß-Foto

welche Entwicklung Karl-Heinz durchmachte?

Karl-Heinz ist ein gut aussehender junger Mann, 34jährig, einerseits vorsichtig und zurückhaltend, andererseits ein Mensch mit klaren Prinzipien. Als Abteilungsleiter ist er in einem mittelständischen Unternehmen tätig. Man kann ihm nichts anlasten, aber Karl-Heinz war in seiner Jugend ein Schwarzfahrer. Während seiner beruflichen Ausbildung, die er in einer Großstadt absolvierte, kam es dreimal vor, dass er ohne gültigen Fahrausweis in der Straßenbahn angetroffen wurde, ein Verhalten, das er sich bis heute nicht verziehen hat. In den letzten Jahren hat er sich nichts mehr zu Schulden kommen lassen, er blieb aber der Schwarzfahrerei treu, jedenfalls was seine Fahrt durch das Leben betrifft. Seinen Urlaub verbrachte er regelmäßig im Schwarzwald, und zwischenzeitlich liebäugelte er mit Schwarzarbeit, ließ diesen Gedanken jedoch schnell wieder fallen. Seinen Fernseher und sein Autoradio hatte er vorschriftsmäßig angemeldet, und dennoch war er außerdem ein Schwarzseher. Er nahm immer den schlimmsten Fall an, hatte immer das Versagen vor Augen und sah einer düsteren Zukunft entgegen. Er interessierte sich für das „finstere Mittelalter", und sein Lieblingsphilosoph war *Heraklit*, genannt „der Dunkle". Im Grunde blieb es ihm unverständlich, dass er es beruflich so weit gebracht hatte. Seine Vorliebe für Schwarz zeigte sich auch in seiner Kleidung: schwarzer Rolli, schwarze Hose, schwarzes Sakko und schwarze Schuhe. Als kleine Extravaganz leistete er sich in jüngster Zeit weiße Unterwäsche. In seiner Freizeit beschäftigte sich Karl-Heinz mit Schwarzmalerei. Zu seinen herausragenden Kunstwerken zählen Titel wie: „Panther in der Nacht" aus seiner romantischen Phase, sowie das abstrakte Werk: „Schwarzer Kreis auf schwarzem Grund".

Während für ihn in früheren Jahren die Welt ein Jammertal war, in der er immer mit dem Schlimmsten rechnen musste, die Menschheit schlecht und verdorben war und er keinem trauen konnte, machte Karl-Heinz in den letzten Jahren eine tiefgreifende Entwicklung durch. Er gab die Schwarzmalerei auf, kaufte sich eine Digitalkamera und widmete sich voll und ganz der Schwarz-Weiß-Fotografie. Dieser Wandel wirkte sich auch auf andere Bereiche seines Lebens aus. Plötzlich gab es für ihn nicht nur schlechte Menschen sondern auch einige gute. Es gab richtige und falsche Meinungen, gute und schlechte Arbeiten, gutes und schlechtes Wetter. Er begann mit dem Schachspiel wegen der schwarzen und weißen Figuren und erlernte das Klavierspiel wegen der schwarzen und weißen Tasten.

Während Karl-Heinz früher wegen der düsteren Aussichten oft von Ängsten geplagt wurde, kehrte allmählich Sicherheit in sein Leben ein. Jetzt war alles geordnet, übersichtlich und einfach zu handhaben. Was nicht weiß ist, ist schwarz. Was falsch ist, kann nicht richtig sein. Bei Problemen gibt es nur *eine* richtige Lösung. Entweder leistet man sehr gute Arbeit, oder man ist ein Versager. Man lässt sich von Prinzipien leiten, oder man ist ein Weichei. Wenn man ihm keine Komplimente machte, konnte man ihn offenbar nicht leiden. Für Karl-Heinz gab es jetzt eine Ordnung mit zwei Schubladen. Was nicht in die eine passte, musste zwangsläufig zu der anderen gehören. Das verschaffte ihm Klarheit und Übersichtlichkeit. Dennoch musste er feststellen, dass seine Mitmenschen selten seine Ansichten teilten. Oft gab es Streit und Auseinandersetzungen. Er fühlte sich unverstanden, zumal sein Schema doch so logisch und einfach war.

Das Leben von Karl-Heinz läuft in zwei Einteilungen ab. Zufriedenheit erlangte er bisher nicht. Hast Du eine Ahnung, woran das liegt?

Erkenntnis:

Wenn sich jemand von einem Schwarzmaler zu einem Schwarz-Weiß-Seher entwickelt, mag das ein gewisser Fortschritt sein. Die Welt lässt sich aber nicht nur in zwei Schubladen stecken. Hoffentlich entdeckt Karl-Heinz im weiteren Verlauf seines Lebens noch die Grautöne und vor allen Dingen die Vielfalt der Farben. Es gibt mehr Alternativen und Wahrheiten als wir mitunter glauben. Das Leben ist kein Schwarz-Weiß-Foto.

Hab ich Dir schon erzählt, ...

Geistiger Sperrmüll

was es mit psychischem Sperrmüll auf sich hat?

Stelle Dir einmal folgende Situation vor: Ein Freund überreicht Dir eine Videokassette und lobt den Film in höchsten Tönen. Er meint, den solltest Du Dir unbedingt anschauen. Abends schiebst Du die Kassette in den Rekorder, und nach 10 Minuten denkst Du: „Was ist denn das für ein Mist!" Du hoffst, dass sich das noch ändert, hältst weiterhin tapfer durch, um später wenigstens mitreden zu können, und bist froh und erleichtert, als der Film sein Ende findet. Würdest Du danach folgendes denken: „Der Film war so schrecklich, langweilig, nichtssagend, blöde, einfach unausstehlich. Deshalb muss ich mir den gleich noch einmal reinziehen." Wahrscheinlich wärst Du glücklich, dass das Übel vorbei ist, und Du wirst am nächsten Tag die Kassette zurückgeben, vielleicht mit einem unfreundlichen Kommentar. Damit wäre die Angelegenheit erledigt.

Es gibt andere Situationen, in denen wir uns völlig anders verhalten. Es ist uns etwas sehr Unangenehmes, eine Gemeinheit, eine Ungerechtigkeit, eine Peinlichkeit widerfahren. Wir gehen die Situation nochmal durch und erleben erneut den Ärger, die Hilflosigkeit, die Bedrücktheit, die Scham usw. Dann erzählen wir es einer nahestehenden Person, und alles wird wieder aktualisiert; danach einer zweiten Person, und das Geschehene wird nochmals aufgewärmt. Abends im Sessel oder im Bett schieben wir den Film in unseren eigenen Kopf-Rekorder und lassen ihn erneut ablaufen. Irgendwann drücken wir nochmals die Starttaste, alles geht wieder von vorne los, und wir leiden aufs Neue. Offenbar haben wir Schwierigkeiten, loszulassen und das Geschehene der Vergangenheit zu übergeben. Dazu eine kleine Geschichte:

Zwei tibetische Mönche gehen ihres Weges. Vor Kurzem hatte es ein Unwetter gegeben, und die Straßen sind vom Wasser überschwemmt. Sie treffen auf eine junge Frau, die die Straße überqueren möchte, aber wegen der Wassermassen zögert und hilflos dasteht. Kurz entschlossen hebt der eine Mönch sie hoch und trägt sie auf seinen Armen über die Straße. Nachdem die beiden Mönche eine Zeitlang schweigend weitergegangen sind, sagt der eine: „Schickt sich das eigentlich für uns Mönche, eine junge Frau auf Händen zu tragen?" Darauf erwidert der andere: *„Ich* habe sie auf der anderen Straßenseite abgesetzt. *Du* trägst sie immer noch."

Irgendwie halten wir etwas tapfer fest, von dem wir uns besser trennen sollten. Vielleicht kennst Du das von Kleidungsstücken, die wir jahrelang nicht getragen haben, und die im Kleiderschrank nur Platz wegnehmen. Normalerweise werden wir Gegenstände, die defekt sind, die wir nicht mehr benötigen, oder die ihren Zweck nicht mehr erfüllen, dem Sperrmüll übergeben. Diese Überlegungen können wir auch auf psychischen Sperrmüll übertragen. Würden wir einmal genau nachschauen, könnten wir wahrscheinlich einige Ansichten, Meinungen, Gewohnheiten, Überzeugungen, Befürchtungen und belastende Gedanken entdecken, von denen wir uns besser lossagen sollten, da sie keinen konstruktiven Wert besitzen, andererseits Ärger, Ängste und andere negativen Gefühle im Gepäck haben und uns beeinträchtigen oder blockieren.

Natürlich gibt es Situationen, die wird nochmals vor unserem geistigen Auge ablaufen lassen, um uns über etwas klar zu werden, um gewisse Erkenntnisse daraus zu ziehen, oder um zu erkennen, was wir in Zukunft besser oder effektiver machen können. Es gibt aber andere Ereignisse, die abgeschlossen sind, bei denen nichts mehr zu klären ist. Wir haben offenbar Schwierigkeiten, zu akzeptieren, dass sie überhaupt eingetreten sind und kommen deshalb nicht von ihnen los. Das Einzige, was dadurch passiert, sind wiederkehrende belastende Gefühle.

Erkenntnis:

Manche Ereignisse spulen wir immer wieder in unserem Kopf ab. Einen Nutzen haben wir dadurch nicht, aber wiederkehrende unangenehme Gefühle. Wir sollten mit ihnen wie mit anderem Sperrmüll umgehen. Distanzieren wir uns von diesen Inhalten, stellen wir ein inneres Stoppschild auf und legen wir solche Ereignisse in unserem Vergangenheitsarchiv ab. Schaffen wir Platz für angenehmere Gefühle.
„Die Weisheit des Lebens besteht im Ausschalten der unwesentlichen Dinge."

Hab ich Dir schon erzählt, ...

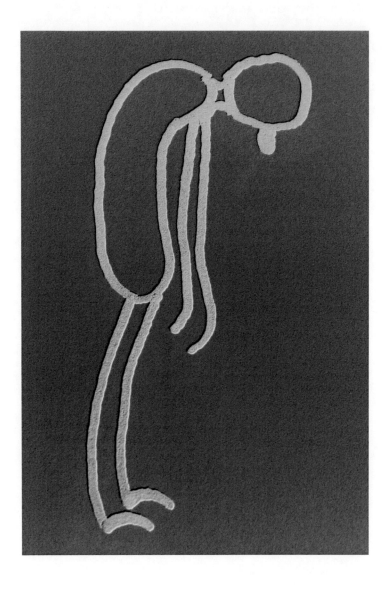

Destruktive Schuldgefühle

wie tückisch Schuldgefühle entstehen können?

Für eine Reihe von Menschen sind ständige Schuldgefühle eine äußerst quälende Angelegenheit. Sie überschütten sich mit Selbstvorwürfen, grübeln ständig über ein vermeintliches Fehlverhalten, sind niedergeschlagen, werten sich ab und fühlen sich armselig. Die Zufriedenheit und die Lebensqualität sind an einem Tiefpunkt angelangt.

Vielleicht sollten wir uns erst einmal darüber Gedanken machen, wie Schuldgefühle zustande kommen. Der Begriff enthält zwei Anteile. Zum einen die emotionale Qualität, zum anderen die Schuld. Um ein Schuldgefühl zu erleben, muss der Betreffende, ob bewusst oder unterschwellig automatisiert, ein Verschulden definiert haben. Normalerweise ziehen wir bestimmte Regeln, Gebote oder Verbote, Verträge und Abmachungen heran, die wir in irgendeiner Form übertreten oder gebrochen haben. Daraus können ein Unrechtsbewusstsein und ein Schuldgefühl entstehen. Ich habe nun die Erfahrung gemacht, dass manche Menschen bei der Schulddefinition ganz besondere gedankliche Konstruktionen anwenden. Eine junge Frau zermarterte sich ständig den Kopf, weil sie für sich und ihr Leben Entscheidungen traf und Einstellungen hatte, die von anderen Familienmitgliedern nicht geteilt wurden, und die bei diesen Unmut, Verärgerung oder Enttäuschung hervorriefen. Dabei ging es um ihre eigene Lebensführung bzw. um ihr Studium. Sie fühlte sich verantwortlich für die negativen Gefühle der anderen und damit schuldig. Ihre Begründung war: „Ich hätte ja auch anders handeln können, und dann wären die anderen zufrieden gewesen." Liegt hier nicht ein Denkfehler vor? Das würde doch sonst bedeuten, dass es ein Gesetz gibt, nach dem sie verpflichtet ist, ihr eigenes Verhalten den Vorstellungen anderer anzupassen. Tut sie es nicht, macht sie sich schuldig. Ich behaupte, hier handelt es sich um eine irrationale Auffassung. Die junge Frau hat das Recht, für ihr Leben ihre eigenen Entscheidungen zu treffen. Wahrscheinlich liegt das Problem bei den anderen Personen, die nicht die nötige Toleranz aufweisen oder ihre eigenen Vorstellungen als das Maß aller Dinge ansehen.

Eine andere Art, sich schuldig zu fühlen, ist folgende. Eine erwachsene Frau hatte die Pflege ihrer kranken Mutter übernommen. Damit war sie völlig überfordert, zumal sie noch berufstätig war und eine eigene Familie hatte. Außerdem war sie psychisch sehr angeschlagen. Ihre Begründung: „Ich kann es meiner Mutter nicht recht machen. Sie ist nie zufrieden. Ich sehe ja selbst, dass ich mich viel mehr um sie kümmern müsste. Aber ich kann nicht. Deshalb habe ich ständig Schuldgefühle." Auch dieser Argumentation liegen irrationale Einstellungen zugrunde. Es gibt kein Gesetz, nach dem jemand die Ansprüche eines anderen erfüllen muss, besonders wenn sie sehr hoch sind. Außerdem verlangt diese Frau Unmögliches von sich selbst. Sie gesteht sich ein, die erforderliche Kraft nicht zur Verfügung zu haben, erhebt aber gleichzeitig den Anspruch, sie müsse das Unmögliche doch möglich machen. Sie wird mit der Situation nicht zufrieden sein. Vielleicht gibt es andere Lösungen, wie z.B. den Einsatz eines Pflegedienstes. Es besteht aber keine angemessene Grundlage für ein Schuldgefühl. Außerdem lähmt es ihre Lebenskraft. Es gibt andere Menschen, die sich schuldig fühlen, weil sie ihre eigenen Ansprüche nicht erfüllen können, die sich ihre Unvollkommenheit ankreiden und sich deshalb Selbstvorwürfe machen. Wäre es für sie nicht sinnvoller, ihre Ansprüche kritisch zu hinterfragen? Wenn ich auf den Sportplatz ginge, beim Hochsprung die Latte auf 1,80 m legte und sie reißen würde, wären Schuldgefühle wegen des Scheiterns fehl am Platz. Ich sollte lieber mein Anspruchsdenken überprüfen, etwas realistischer sein und zunächst bei 1,30 m beginnen.

Destruktive Schuldgefühle

Erkenntnis:

Ob Schuldgefühle ohne Konsequenzen und Verhaltensänderungen sinnvoll sind, sei einmal dahingestellt. Wir haben aber gesehen, dass manche Schuldgefühle nur aufgrund irrationaler Annahmen zustande kommen. Achten wir darauf, ob die Gesetze, die wir als Grundlage nehmen, tatsächlich existieren. Wir haben nicht nur das Recht, sondern sogar die Pflicht, für uns selbst zu sorgen und für unsere eigene Lebenszufriedenheit beizutragen. Deshalb werden wir nicht gleich zu Egoisten.

Hab ich Dir schon erzählt, ...

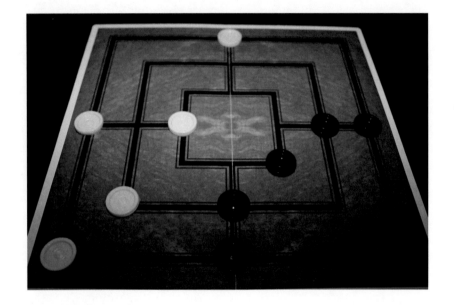

Sprachliche Zwickmühlen

wie man in Gesprächen Tretminen auslegen kann?

Es gibt im Bereich der Kommunikation eine Vielzahl von Büchern, die sich mit dem Gelingen einer zufriedenstellenden Verständigung befassen. Aus der Vielzahl von Tücken und Fallen, die sich in Gesprächen oder auch in kurzen Wortwechseln ergeben können, möchte ich hier nur zwei herausgreifen: Zwickmühlen und die Warum-Frage.

Veronika hat von ihrem Gatten zwei entzückende Kleider zum Geburtstag geschenkt bekommen. Um ihm eine Freude zu machen, zieht sie sofort das bunte an. Daraufhin Karl-Heinz: „Ach, das rote gefällt dir wohl nicht!?" Wie Veronika darauf reagiert, wissen wir nicht. Es würde uns aber nicht wundern, wenn die Stimmung eine kleine Schlagseite bekommt. Veronika ihrerseits wünscht sich, dass ihr Mann sich ab und zu aufmerksamer verhält, und sie mit einer Kleinigkeit, mit einer liebevollen SMS, mit ein paar Blumen oder einer Einladung überrascht. Dieses Bedürfnis äußert sie Karl-Heinz gegenüber. Wenn er sich jetzt daran hält, ist es plötzlich nicht mehr viel wert, da sie ihn ja erst darauf aufmerksam machen musste. Sein Handeln kam nicht spontan. Wie ihr Gatte das aufnimmt, wissen wir auch nicht. Auf jeden Fall sieht er sich einer ausweglosen Situation gegenüber. Hätte er gar nicht reagiert, wäre das ein weiterer Beweis gewesen, dass er sie nicht mehr liebt.

Diese Mechanismen kennen wir vom Mühle-Spiel. In einer Zwickmühlensituation kannst du machen was du willst, du hast keine Chance. Warum fällt es so schwer, etwas Positives anzunehmen, wenn es eintritt. Warum suchen wir nach dem Haken, nach den Begleitumständen, nach den Hintergründen, die letztendlich dazu führen, das Positive abzuwerten und die Stimmung zu vermiesen, so dass am Ende Frust, Ärger, Unverständnis und Enttäuschung übrig bleiben?

Simone fragt ihren Mann: „Wie heißt eigentlich der grauhaarige Herr, mit dem du dich gestern im Restaurant unterhalten hast?" „Warum willst du das denn wissen?"

Horst-Rüdiger fragt seine Frau: „Wann findet das Konzert in Hannover statt?" „Das habe ich dir doch schon vor drei Wochen gesagt."

„Wie lange bleibst du heute im Fitnessstudio?" „Du kannst dir auch nichts merken!"

„Fährst du heute noch in die Stadt?" „Was soll denn jetzt diese Frage?"

„Wie ist denn das Gespräch mit dem Vermieter verlaufen?" „Du kannst Fragen stellen!"

In den genannten Beispielen, und die Liste ließe sich beliebig erweitern, tauchen zwei Mechanismen auf, die der Engländer mit „bad or mad" beschreiben würde. Der Angesprochene gibt zu erkennen, dass er die Frage als Provokation auffasst, und der Fragesteller somit ein übler Mensch ist. Andererseits vermittelt er dem Fragesteller, dass man schon geistig unterbelichtet sein muss, wenn man überhaupt eine solche Frage stellt. In jedem Fall führt es zu einer Abwertung der fragenden und unter Umständen zu einem Überlegenheitsgefühl der antwortenden Person. Oftmals ist die Unterredung an diesem Punkt zu Ende.

Auch hier können wir uns die Frage stellen, warum die anfängliche Harmonie für einen Machtkampf geopfert wird. Warum fällt es so schwer, den einfachsten Lösungsweg zu beschreiten und die Frage zu beantworten. Müssen wir erst das Motiv des Fragers kennen? Müssen wir uns daran hochziehen, dass er die Frage vor drei Wochen schon einmal gestellt hat? Wofür brauchen wir das Haar in der Suppe? Oftmals wird aus einem Haar ein ganzes Haarbüschel. Es entstehen Kettenreaktionen, und mancher erkennt nicht, dass er Tretminen ausgelegt hat. Stattdessen regt er sich noch darüber auf, dass jemand draufgetreten ist. Wenn wir uns tatsächlich gestört fühlen oder im Moment über ein Thema nicht sprechen möchten, dann drücken wir das doch direkt aus, anstatt die Umleitung über „bad or mad" zu wählen.

Erkenntnis:

Achten wir in Gesprächen auf Tretminen und Kommunikationskiller. Wir und unsere Mitmenschen werden entschädigt mit mehr Gelassenheit und Zufriedenheit.

Hab ich Dir schon erzählt, ...

was Du für Dein Glücklichsein tun kannst?

Es gibt unterschiedliche Bedeutungen der Begriffe „Glück" und „glücklich". Zum einen meinen wir damit ein außergewöhnliches, nicht sehr wahrscheinliches positives Ereignis (einen Glücksfall). Zum anderen kann es sich um einen günstigen Ausgang handeln, obwohl wir eher etwas Negatives befürchtet haben („Da habe ich nochmal Glück gehabt."). Die Bedeutung von glücklich kann sich auf unterschiedliche Zeitspannen beziehen: ein glücklicher Moment, der glücklichste Tag meines Lebens, eine glückliche Phase, die glücklichsten Jahre. Es fällt uns schon schwerer, von einem glücklichen Leben zu sprechen. Bereits vor knapp 2000 Jahren schrieb der römische Philosoph, Stoiker und Staatsmann *Seneca* ein Buch mit dem Titel „Vom glücklichen Leben". Schon Jahrhunderte vorher haben sich griechische Philosophen viele Gedanken über den Weg zum Glück gemacht und sind zu unterschiedlichen Ansichten gekommen. Auch in heutiger Zeit beschäftigen sich Fachleute der verschiedensten Wissenschaftsrichtungen mit der Frage nach Glück und Glücklichsein. Eine Glücksformel hat man bisher nicht gefunden. In vielen wissenschaftlichen Untersuchungen fand man aber eine Reihe von Antworten auf die Frage, worin sich glückliche von unglücklichen Menschen unterscheiden.

In den vorausgegangenen kleinen Geschichten habe ich bereits einige dieser Faktoren aufgezeigt. Dabei spielen unsere Denkgewohnheiten eine entscheidende Rolle. Nach dem Motto „wie du denkst, so fühlst du" konnten wir erkennen, wie groß unser Einfluss auf unser Wohlbefinden ist, der in unseren Einstellungen, Bewertungen, Überzeugungen, Glaubenssätzen, Sichtweisen, aber auch in der Kenntnis der gedanklichen Fallen besteht. Wenn wir die damit verbundenen Erkenntnisse beherzigen, können wir eine Menge für eine größere Zufriedenheit beitragen.

Es gibt natürlich noch andere wichtige Einflussgrößen, die für den Unterschied zwischen glücklichen und unglücklichen Menschen verantwortlich sind. Wir werden sofort an die äußeren Bedingungen denken und uns fragen, wie soll jemand glücklich sein, wenn Krankheit, Arbeitslosigkeit, finanzielle Schwierigkeiten, soziale und familiäre Probleme vorhanden sind. Sicher spielen diese Faktoren eine große Rolle. Andererseits können wir beobachten, dass verschiedene Personen in ähnlichen Situationen sehr unterschiedlich mit ihnen umgehen. Hierbei kommt es offensichtlich auf die inneren Einstellungen an.

Dass Geld allein nicht glücklich macht, hat sich herumgesprochen. Depressionen, Alkohol, Drogen, Trennungen, Vereinsamung und Suizidversuche finden wir nicht selten bei den Menschen, die wir teilweise bewundern, da bei ihnen alles Wünschenswerte vorhanden zu sein scheint, wie gutes Aussehen, Ruhm, Geld, Wohlstand usw.

Hast Du Deinem Leben einen Sinn gegeben? Verfügst Du über gute soziale Kontakte? Bist Du aufgeschlossen für Neues? Sind Deine Erwartungen realistisch? Verfügst Du über Selbstakzeptanz und ein Selbstwertgefühl? Kannst Du anderen Menschen gegenüber zum Ausdruck bringen, wie viel sie Dir bedeuten? Hältst Du Dich fit? Hast Du Dir das Lachen und den Humor bewahrt? Kannst Du Dich an dem erfreuen, was Du hast? Verfügst Du über Flexibilität? Hast Du Dir ein Hobby zugelegt? Besitzt Du eine starke religiöse Bindung?

Diese Punkte stellen nur eine Auswahl einer Liste dar, die aus wissenschaftlichen Studien zur Unterscheidung von glücklichen und weniger glücklichen Menschen erstellt wurde.

Erkenntnis:

Bei aller Würdigung der äußeren Bedingungen, die keineswegs immer einfach sind, können wir ersehen, welchen großen Einfluss wir dennoch auf unsere Lebenszufriedenheit nehmen können. Es dürfte sich für uns lohnen, an dem einen oder anderen Punkt unsere Möglichkeiten für ein zufriedeneres Leben zu erweitern. Außerdem: es reicht nicht, Glück zu haben. Ich muss es auch als solches erkennen.

Das 9-Punkte-Problem
Auflösung

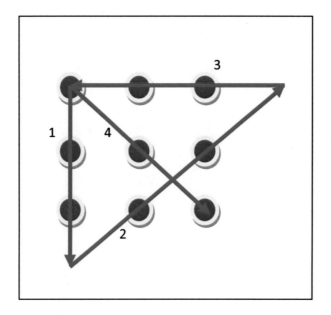

Statt eines Nachworts

Einst kamen einige Suchende zu einem alten Zenmeister. „Meister", fragte einer von ihnen. „Was tust du, um glücklich und zufrieden zu sein? Ich wäre auch gerne so glücklich wie du."

Der Alte antwortete mit mildem Lächeln: „Wenn ich liege, dann liege ich. Wenn ich aufstehe, dann stehe ich auf. Wenn ich gehe, dann gehe ich, und wenn ich esse, dann esse ich."

Die aufmerksamen Zuhörer waren irritiert und schauten etwas betreten in die Runde. Einer von ihnen fasste sich ein Herz: „Treibe bitte keinen Spott mit uns. Was du sagst, das tun wir auch. Wir schlafen, essen und gehen. Aber wir sind nicht glücklich. Was also ist dein Geheimnis?"

Der Meister gab die gleiche Antwort: „Wenn ich liege, dann liege ich. Wenn ich aufstehe, dann stehe ich auf. Wenn ich gehe, dann gehe ich, und wenn ich esse, dann esse ich."

Als der Alte die Unruhe und den Unmut der Suchenden wahrnahm, fügte er nach einer Weile folgendes hinzu: „Natürlich liegt auch ihr, und ihr geht auch und ihr esst. Aber während ihr liegt, denkt ihr schon ans Aufstehen. Während ihr aufsteht, überlegt ihr, wohin ihr geht, und während ihr geht, fragt ihr euch, was ihr essen werdet. So sind eure Gedanken ständig woanders und nicht da, wo ihr gerade seid. In dem Schnittpunkt zwischen Vergangenheit und Zukunft findet das wahre Leben statt. Lasst euch auf diesen nicht messbaren Augenblick ganz ein, und ihr habt die Chance, glücklich und zufrieden zu sein."

nach einer zenbuddhistischen Parabel